고대문명의
도약

上

고대문명의 도약 上

발행일   2022년 10월 30일

지은이   유자심
펴낸이   유영미
펴낸곳   인왕출판사
출판등록   2015-000335
주소   서울시 마포구 상암산로 1길 24, 404동 1001호
전화번호   02-308-2356
팩스번호   02-308-2356

편집/디자인 (주)북랩
제작처   (주)북랩 www.book.co.kr

ISBN   979-11-956665-7-7 03910

고대 유적지에 숨겨진 모순과 진실

고대문명의 도약 上

유자심 지음

서울 석촌동고분에서
창녕고분 바위, 익산 입점리고분까지
유적과 유물 속 사람형상의 비밀을
낱낱이 파헤치다

인왕출판사

머 / 리 / 글

구석기시대에서 신석기시대, 청동기시대를 거쳐 초기 철기시대까지를 고대문명으로 분류하는 듯한데, 고대문명은 문헌이 없어 남아 있는 유적과 유물로 전체적인 모습을 유추할 수밖에 없다 한다.

필자는 전작 등에서 고대의 유적과 유물이 자연적인 삶의 흔적이 아니라 의도적으로 조성해 놓았을 가능성을 제기했다.

이 책에서는 여러 고대유적지 중에서 먼저 고분이 의도적으로 조성되었다는 것을 입증하고자 한다.

그리고 유적과 유물에 새겨진 사람형상을 분석해서 출토 유물 또한 생활용품이 아닌 의도적으로 조성해 놓은 작품임을 입증하고자 한다.

이를 통해 고대의 문명이 원시사회에서 서서히 발전해 온 것이 아니라, 문자, 토기, 도자기, 청동기 등의 전수로 몇 단계에 걸쳐 일시에 발전했음이 입증될 것으로 판단된다.

이는 새로 시작된 원시의 고대문명이 더 이전 고대문명의 전수를 받아 일시에 도약했음을 의미한다.

이 글은 기존의 발굴과 연구에 크게 의존하였다. 고대유적과 유물을 발굴 보존하고 연구한 모든 연구자에게 감사의 말씀을 드린다.

서양에서 고고학이 시작된 이후 지금까지 이루어진 연구의 최종 결론에 도달하고 있는 느낌이다.

고대의 역사가 전혀 새롭게 정립되는 시발점에 서 있는 것으로 판단된다.

많은 고대의 유적과 유물의 발견이 축적돼 있는데, 생명형상이라는 새로운 관점으로 바라보면 대부분 하나로 연결되어 있는 듯하다.

이 글은 유적과 유물에 나타나는 사람형상을 중심으로 이를 증명해 나갈 것이다.
그 결과로 드러나는 사실을 반영해 새롭게 역사를 재정립해 나가야 할 때이다.

이는 미래 사회의 지향점과 방향을 결정하는 데도 중요하게 작용할 것으로 생각된다.

일 / 러 / 두 / 기

1. 반복되는 박물관, 대학명은 가급적 간략하게 표기했다. 박물관은 '박'으로 줄이고, '국립'은 생략했다. 대학교는 '대'로 표기했다.

2. 박물관 도록 제목에 박물관명이 들어가지 않는 경우, 박물관 명으로 표기했다. 원래의 도록명은 참고 도서 목록에서 확인할 수 있다.

3. 유적지와 유물명은 박물관과 도록에 따라 약간의 차이가 있는데, 하나로 통일하지 않고 나타난 그대로 적었다.

4. 유물 출토 위치가 미상이거나 표기되지 않은 경우, 출토지를 제대로 확인하지 못한 경우에는 유물이 전시된 박물관명을 표기했다.

목 / 차

2부 기획하에 조성된 고대유적과 유물

10장 고대 석재유물의 사람형상

1부

설정된
고대문명

전작에서 고대문명으로 분류되는 구석기시대, 신석기시대, 청동기시대를 거쳐 본격적인 철기시대 이전까지의 유적과 유물을 기획하에 의도적으로 조성해 놓았을 가능성이 크다고 설명했다.

이는 고대문명이 설정된 가상의 문명일 수 있음을 의미한다.

이를 보다 정밀하게 분석해 보기로 하자.

먼저 고분을 살펴보기로 한다.

무덤은 부장품의 개념으로 유물을 매장하는 것이 자연스럽다. 이런 이유로 무덤 형식을 빌어 유물을 저장해 놓은 것으로 보인다.

즉 고분이 무덤이 아니며 유물의 저장 창고일 수 있다는 의미이다.

다음으로 조개더미유적과 산성유적지 등의 유적에서 출토되는 유물들이 자연스러운 생활의 결과물이 아니라, 의도적으로 조성해 놓은 것임을 살펴보기로 하자.

1장 경주 고분은 무덤이 아니다

고대유적지를 의도적으로 조성해 놓은 듯한데, 고대 무덤도 동일하다. 무덤이 아니면서 무덤 형태를 만들고, 유물을 매장해 놓았음을 경주의 고분에서 확인할 수 있다. 경주 지역의 고분이 무덤이 아님을 살펴보자.

1. 무덤이 아닌 이유

1) 적석목곽분의 모순

경주 지역의 고분은 적석목곽분이며, 적석목곽분은 한반도에서 오직 신라에서만 발견되는 독특한 무덤 양식이라 한다.

천마총도 적석목곽분이라는데 이에 대한 설명을 보자.[1]

다음은 천마총의 복원도다. 목곽 위에 돌무더기를 쌓고, 그 위를 흙으로 덮어 봉분을 조성했다.

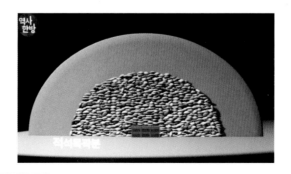

1 KBS, "영상한국사 120—신라천마도는 어떻게 썩지 않고 보존됐나?, KBS 역사저널 그날, 2019. 7. 19., 동영상, 4:48, https://youtu.be/yKWwmjenks8

이렇게 조성된 무덤이 시간이 지나 변화하는 과정에 대한 설명이다.

"천마도는 땅속에서 1,500년 동안 썩지 않았다. 그 비밀은 무덤 구조에 있다. 천마총은 피장자 목관 주변에 목곽을 쌓고 그 위에 돌과 흙으로 봉분을 올린 적석목곽분이다. 나무 재질의 목곽이 먼저 썩어 내려앉으면서 돌더미가 그 위를 짓눌러 무덤 내부는 산소가 더 이상 공급되지 않는 상태가 된 것이다."

설명처럼 목곽이 썩어 내려앉으면서 돌더미가 무너져 내린 모습이다.
봉분도 낮아졌다.

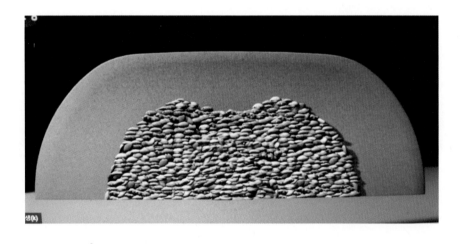

정말 무덤을 이런 식으로 조성했을까?
그렇게 보기에는 많은 무리가 따른다.

피장자 위로 돌무더기가 쏟아져 내리는 장면을 상상하면, 누구나 마치 자신의 머리 위로 돌무더기가 무너져 내리는 느낌이 들 것으로 생각된다.

조상의 무덤을 이런 식으로 조성할 리 없다.

돌무더기가 무너져 내리지 않았음은 자작나무 껍질에 그린 천마도와, 천마도가 들어 있던 나무상자인 부장품궤가 부서지지 않은 상태인 것만 보아도 증명된다. 옆에 놓인 단지도 온전하다.

많은 양의 돌무더기가 무너져 내렸다면 모두 부서지는 것이 정상이다.

유사하게 같은 적석목곽분이라는 황남대총 남분 피장자가 묻힌 곳 주변의 돌들이 가지런한 것도 적석목곽분이 아님을 증언한다.[2]
조성된 이후 내부에 큰 변화가 없었으며, 돌무더기가 무너지지 않았음이 분명하다.

---

2 사진 출처: 김상운, 『국보를 캐는 사람들』(파주: 글항아리, 2019)

적석목곽분이란 설명이 전혀 근거가 없어 보인다. 적석목곽분이라는 설명은 그 이외 다른 설명이 불가능했기 때문에 나왔을 것이다. 돌로 쌓은 별도의 무덤방이 없으므로, 목관과 목곽이 사용된 후 썩어 사라진 것으로 설명하는 것이다. 그러나 피장자 위로 돌무더기가 무너져 내렸다는 해석까지 하는 것은 무리다.

적석목곽분이 아니라면 경주 고분을 어떻게 해석해야 할까?

무덤방도 없고 적석목곽분도 아니라면 무덤이라 무작정 주장할 수 없다.

2) 가지런한 목걸이의 출토 상태

적석목곽분으로 설명하는 경주의 고분들은 무덤이 아닐 수 있는데, 황남동 120-2호분, 천마총, 황남대총의 목걸이 출토 상태가 이를 증언한다.

먼저 황남동 120-2호분의 목걸이 출토 상태를 살펴보자.
황남동 120-2호분 발굴 현장 온라인 설명회에 대한 보도 내용을 요약해 보자.[3]

- 피장자(무덤에 매장돼 있는 사람)의 착장품 일식이 한 번에 출토되었다.
- 인골은 발견되지 않았다.
- 피장자 장식구를 착장 상태 그대로 전체를 노출시켜 공개하는 것은 처음이다.
- 무덤의 양식은 적석목곽분이다.

피장자의 장식구를 착장 상태 그대로 노출시켜 공개하므로, 매장된 상태를 생생하게 확인할 수 있는 장점이 있다.
피장자의 장식구를 착장 상태 그대로 전체를 노출시켜 공개했다는데, 확인된 장신구의 출토 상태는 적석목곽분이라는 설명에 의문을 제기한다.

목걸이의 출토 상태를 보자.

목걸이는 가슴에까지 늘어져 있어 가슴걸이라 부르기도 하는데 목에서부터 가슴까지 길게 작은 구슬들이 놓여 있다.
그런데 목걸이가 정돈된 형태를 이루며 매우 가지런하다.

---

3 남정현, "'발굴 당시 심정은 어땠어요?'…경주고분 첫 온라인 설명회 폭발" 뉴시스, 2020년 9월 3일, https://mobile.newsis.com/view.html?ar_id=NISX20200903_0001153700

목걸이의 작은 구슬을 꿰는 줄은 유기질로 해석된다.[4]

목걸이의 가는 유기질 줄은 사체가 유골화되는 과정에서 가장 먼저 부식해 사라질 것이다. 줄이 끊어지면 구슬들은 흩어지기 마련이다.

[4] 중앙일보 편집부, 『고분미술』(서울: 중앙일보, 1993), p. 188.

사체가 부식해 사라지는 과정에서, 줄이 끊어지며 이미 흩어져 있던 구슬들은 바닥으로 쏟아져 내리게 된다. 따라서 이와 같이 가지런한 모습으로 출토될 수 없다.

처음부터 맨바닥에 목걸이를 배치하지 않고서는 나타날 수 없는 현상이다. 피장자가 없었을 수 있다는 것이다. 이는 무덤이 아님을 의미한다.

유사한 목걸이의 출토 상태를 적석목곽분으로 규정된 천마총에서도 볼 수 있다.
천마총에 발굴 당시를 재현해 놓았는데 목걸이의 구슬이 가지런하다.
마찬가지로 돌무더기가 무너졌다는 적석목곽분에서는 나타날 수 없는 현상이다.

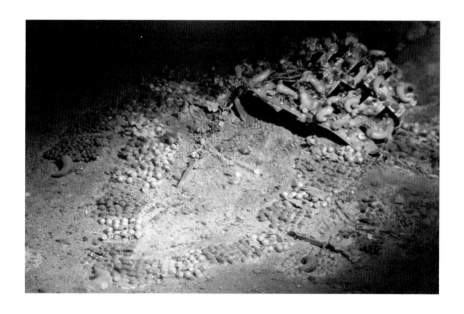

3) 유물 배치의 의문점

한편, 천마총에서 출토된 목걸이는 금관과 붙어 있는 특이한 모습이다.

목걸이는 목에 거는 것이므로 머리에 쓰는 관과 어느 정도 떨어져 있어야 정상이다.

황남동 120-2호분도 금동관과 목걸이가 붙어 있다.

황남대총의 금관도 유사하다. 관련 글을 보자.[5]

"황남대총 발굴 당시 금관은 죽은 사람 머리 위에 씌어져 있지 않았다. 얼굴을 모두 감싼 모습으로 출토됐다. 금관 아래쪽 둥근 테는 무덤 주인공 얼굴의 턱 부근까지 내려와 있었다.

이는 신라 금관이 실용품이 아니라 장송의례품임을 보여 준다는 견해가 있다."

금관으로 얼굴을 감쌌다고 설명한다. 그러나 금관을 보면 얼굴을 감쌀 수 있는 형태가 아니다. 고깔 형태로 접혀 출토된 천마총의 금관처럼 접어서 덮는 경우, 금관에 매달린 날카로운 금속 장신구들이 얼굴을 찌르게 될 것이다. 이런 식으로 얼굴을 덮을 리 없다.

얼굴 부위에 놓여 있어 그렇게 해석한 것으로 추정된다.

금관을 얼굴 부위에 배치한 것은 피장자 없이 유물만을 배치해 놓았을 수 있음을 강력히 시사한다.

---

5 이광표, "상상력의 보고 신라 금관" 신동아, 2019년 10월 12일, https://shindonga.donga.com/3/all/13/1870590/1

관련하여 위의 글을 더 보자.

"금관의 주인은 누구?
금관이 실용품이었든 장송의례용품이었든, 사람들은 대부분 신라 왕이 금관의 주인이었을 것으로 생각한다. 과연 그럴까. 금관의 주인이 왕이려면 금관이 출토된 고분이 왕의 무덤이어야 한다. 그러나 왕의 무덤으로 밝혀진 경우는 아직 없다. 왕릉급으로 추정할 뿐이다."

금관이 출토된 황남대총 북분을 보자.
흥미로운 건 남성 무덤인 남분이 아니라 여성 무덤인 북분에서 금관이 나왔다는 점이다. 남성 무덤에서는 그보다 급이 낮은 금동관과 은관이 나왔다. 이 무덤이 축조된 5세기 전후 신라엔 여왕이 없었으니 황남대총은 여왕의 무덤일 수 없다. 그렇다면 황남대총 금관의 주인공은 왕비일 수는 있어도 왕은 아니라는 말이다."

황남대총은 5세기 전후에 축조되었다고 추정하는데, 금관이 발견된 북분이 여성의 무덤이어서, 당시의 왕이 여성이 아니라는 사실과 일치하지 않아서 의문이 제기되고 있다.

무덤의 정체성에 의문이 제기되도록 의도적으로 이렇게 조성해 놓았을 수 있다고 생각된다.

무덤 주인의 이름이 없는 것도 무덤이 아닐 수 있음을 나타낸다.
문자가 없을 때도 아닌데, 대규모의 무덤에 이름을 남기지 않는 것은 이해하기 어렵다.

단순하게 무덤이 아니기 때문에 이름을 남기지 않았을 수 있는 것이다.

황남대총 유물 발굴 시 끈적끈적한 물질로 꽉 덮여 있어 이를 제거하는 데 많은 시간이 소요되었다 한다. 유물들이 조금도 흐트러지지 않고 그대로 있었다 하는데 이 물질의 점성 때문이었을 것이다.

금속을 장기간 사용하지 않고 보관할 때 보관용 기름으로 덮어 공기를 차단하듯이 유물의 보존을 위해 끈적끈적한 물질로 덮은 듯하다.

끈적끈적한 물질의 성분에 대한 조사가 필요해 보인다.

치아와 인골 조각도 몇 점 끈적끈적한 물질에 쌓인 채 발견되었는데, 인골에 끈적끈적한 물질이 감싸는 것은 피해야 할 일이므로 자연스러운 사체의 매장은 아닐 것이다.

인골이 출토되었다 해서 무조건 무덤으로 추정하기보다, 유물을 의도적으로 배치해 놓았다면, 인골 또한 같을 수 있음을 고려해야 한다.

황남대총에서 인골 외 여러 가지 뼈가 나온 것도[6] 의문이다.

"제수용품을 담은 항아리 3개에서는 소, 말, 바다사자, 닭, 꿩, 오리, 참돔, 졸복, 다랑어, 농어, 상어, 조기, 전복, 오분자기, 소라. 눈알고둥, 밤고둥, 논우렁이, 홍합, 재첩, 백합, 거북이 조각뼈 등의 흔적이 나왔다."

뼈들을 제수용품으로 보는 듯한데, 제수용품은 제례를 지낼 때 쓰는 것이므로 무덤 안에 넣을 이유가 없어 보인다.

이와 관련해서 한 가지 주목할 것은 이들 뼈는 남아 있는데, 인골은 극히 일부만이 남아 있다는 점이다. 뼈의 굵기나 단단함을 고려하면 인골이 더 많이 남아 있어야 할 것이다.

이에 대해서는 뒤에서 자세히 살펴보기로 한다.

---

6   최보식, "[최보식이 만난 사람] '신라의 왕릉 황남대총' 특별전…36년 전 발굴했던 김정기 翁" 조선일보, 2010년 9월 13일, https://www.chosun.com/site/data/html_dir/2010/09/12/2010091200862.html

2. 유적, 유물의 사람형상

경주 지역의 고분이 적석목곽분이 아니며 무덤도 아님을 유물에 새겨진 생명
형상을 통해서도 확인할 수 있다.

1) 황남대총, 천마총의 목걸이

황남대총 출토 목걸이(가슴걸이)의 모습이다.
발굴 당시를 재현해 놓은 것인데 흐트러짐 없이 일정한 형태를 이루고 있다
(『고분미술』).

그런데 목걸이(가슴걸이)라는 설명과 형태가 다르다.

흐트러짐 없이 가지런해서 자연스러운 매장의 결과가 아니라 의도적으로 배치했음은 앞에서 살펴보았다.

왜 이렇게 배치해 놓았을까?

윗부분의 구슬들이 얼굴을 이루며, 곡옥이 눈을 표시하는 인물상으로 보인다. 윗부분이 얼굴을 나타내므로 전체적으로는 짧은 양팔을 들고 서 있는 모습을 나타내는 것으로 해석된다.

중간에 연결된 한 줄의 구슬은 척추뼈를 표현하는 듯하다.

윗부분의 구슬들이 나타내는 인물상이다.

　목걸이로 알려진 유물이 사실은 인물상을 나타내도록 구슬을 배치해 놓은 것이어서 적석목곽분의 무덤이 아님을 증명한다.

국립중앙박물관에 전시된 모습을 보자.

아래쪽이 길어서 다리를 나타내는 것이 더 분명하다.

거꾸로 봐도 굽은 옥이 두 눈과 입을 나타내는 인물상 형태다.

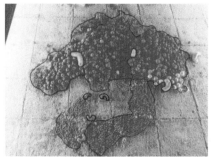

천마총의 목걸이 구슬이 가지런하다. 그런데 그렇지 않은 것도 보인다.

발굴 과정 영상에서 구슬 한 점 한 점을 정확한 위치에 재현하기 위해서 최선을 다함을 볼 수 있었다.

목걸이 형태의 구슬들은 의도적으로 배치했음이 분명하므로 이들 흩어진 구슬도 의도적인 현상임을 전제로 나타난 그대로를 대상으로 인물상을 살펴보자.

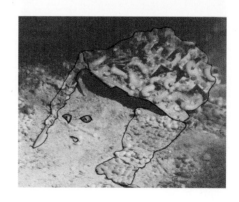

국립경주박물관에 전시된 천마총 출토 목걸이의 출토 당시 모습대로 재현해 놓은 실물이다.

그런데 목걸이의 목에 거는 부분은 끈 형태로 단순하기 마련인데, 이와 다르다. 목에 거는 부분이 넓게 펴져 있어서 목걸이가 될 수 없다.

인물상의 형태를 나타내는 작품으로 보인다.

구슬이 가지런히 모여 있는 두 곳이 눈을 나타낸다.

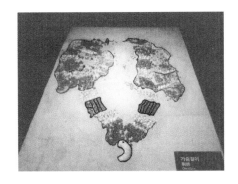

2) 황남동 120-2호분 돌무더기의 배치

황남동 120-2호분의 돌무더기의 배치가 사람형상을 나타내는 것도 단순한 무덤이 아님을 의미한다(사진: 문화재청).

주변이 훼손되었을 수도 있다고 하지만 불분명하므로, 현 상태 그대로를 살펴보자.

유물 발굴 저점에 쌓인 돌들이 인물상의 형태를 이루고 있다.

두 개의 단지가 놓여 두 눈처럼 보인다.

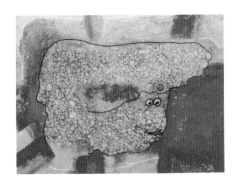

인물상을 나타내도록 돌과 단지를 의도적으로 배치해 놓았음을 알 수 있다.

전작『고인돌과 출토유물의 사람형상』에서 나주 복암리고분에서 단지의 배치를 통해 인물상을 표현하고 있음을 살펴보았다.

유사하게 배치된 단지가 인물상을 표현하고 있어서, 하나의 작품으로 볼 수 있다.

3. 무덤이 아닌 목곽분

적석목곽분이 아닌 고분에서도 유물이 동일하게 사람형상을 나타내는 듯하다. 이 또한 경주 지역의 고분이 무덤이 아님을 강력히 뒷받침한다.

경주 쪽샘 C10호분은 목곽분이라 한다(사진: 문화재청).
말 갑옷을 땅에 깔고 위에 목곽묘를 설치했다고 설명한다.
그런데 말 갑옷이 인물상을 나타내는 듯하다.

앞에서 적석목곽분으로 알려진 유적들이 무덤이 아닐 수 있음을 설명했듯이, 목곽분으로 알려진 이 유적 또한 무덤이 아닐 것으로 판단된다.

사람형상은 이를 증언한다.

말 갑옷 위에 목곽분이 설치되었을 것으로 추정하지만, 목곽이 설치되었다는 어떤 증거도 없다.

무덤으로 전제하는 한, 목곽분 이외 다른 설명이 불가하니 목곽분으로 추정했을 것이다.

 발굴 과정에서 유물을 하나하나 수거해감에 따라 인물상의 형태도 달라지는
듯하다.
 유물을 수거함에 따라 여러 단계에서 보이는 형상들을 나타난 그대로 살펴
보자.

 서 있는 사람형상을 뚜렷하게 나타낸다.

이를 거꾸로 보아도, 뚜렷하지는 않으나 사람형상을 나타내는 듯하다.
갑옷 위에 가지런하게 놓인 환도가 형상의 코를 이룬다.
형상의 코를 나타내게끔 환도를 의도적으로 배치했음이 분명하다.

함께 출토된 말얼굴가리개를 살펴보자(문화재청).

홈이 파여 있는데 녹슨 부분이 떨어져 나간 것으로 보이지 않으며, 인위적으로 새긴 홈으로 추정된다.

전체적인 형태와 함께 인물상을 나타낸다.

이를 거꾸로 보아도 인물상이 나타난다.

유물이 나타내는 뚜렷한 인물상은 경주의 고분으로 보이는 유적이 무덤이 아
님을 증언한다.

참고로 같은 목곽묘인 부산 복천동 10호분 출토 말얼굴가리개를 살펴보자.

경주 쪽샘 C10호분의 말얼굴가리개처럼 인물상이 나타나 있는 듯하다.
말얼굴가리개에 반듯한 직선들이 그어져 있다.[7]

복천동 고분은 도굴되지 않았으므로, 출토 이후 긋지 않았다면 선들은 매장
당시에 그어진 것이다. 어떻게 선들이 선명하게 남아 있을까? 오랜 시간이 지났
으므로 선을 그은 부분도 녹이 슬고 선이 보이지 않게 되는 것이 당연할 것이
다. 오랜 시간이 지나도 녹이 슬지 않는 특수하게 가공한 쇠일 가능성이 크다.

---

7 사진 출처: 중앙일보 편집부, 『고분미술』(서울: 중앙일보, 1993).

말얼굴가리개를 거꾸로 보면 선이 인물상을 나타낸다.
좌우측의 두 인물상이 맞대면해 눈과 입을 공유하며 중첩해 있다.

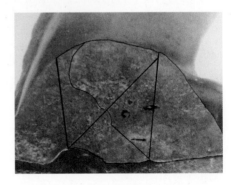

옆에서 본 인물상이다.

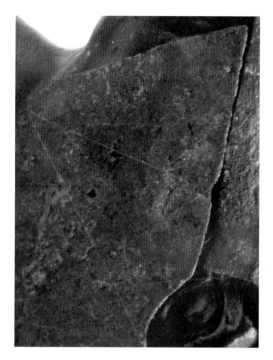

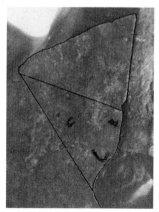

말얼굴가리개에 나타난 뚜렷한 인물상들은 복천동 고분이 단순한 무덤이 아
님을 증언한다.

4. 무덤이 아닌 직접적 증거, 경주 쪽샘 44호분 팔찌의 출토 상태

쪽샘 44호분은 황남동 120-2호분과 유사하게 장식구를 착장한 상태로 매장했으며, 적석목곽분이라 한다.[8]

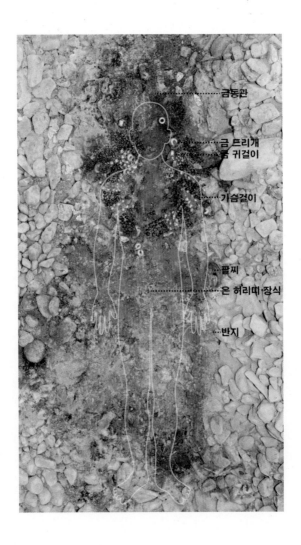

---

8 이기환, "바둑 잘 두는 신라 공주일까…'아담 사이즈' 금동관 쓰고 1,500년 만에 현현" 경향신문, 2020년 12월 7일, https://www.khan.co.kr/culture/culture-general/article/202012070900001

그런데 이곳에서 출토된 팔찌의 상태는 무덤이 아닌 직접적 증거가 될 수 있을 듯하다.

먼저 쪽샘 44호분이 앞에서 살펴본 적석목곽분처럼 무덤이 아니며, 기획해 조성해 놓은 것임을 분석해 보고, 팔찌의 출토 상태를 살펴보기로 하자.

1) 가지런한 목걸이의 출토

쪽샘 44호분 목걸이의 아랫부분을 보면 구슬이 가지런하다.
목걸이를 착장한 상태로 매장되어서는 나타날 수 없는 모습이다.

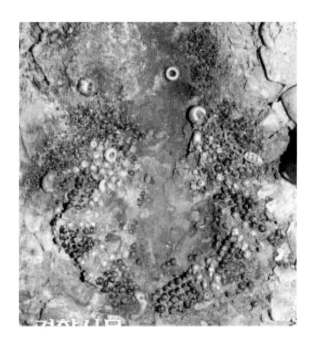

앞에서 살펴보았듯이 의도적으로 직접 바닥에 배치하지 않으면 목걸이의 구슬들이 가지런할 수 없다. 목걸이를 바닥에 직접 배치했음이 분명해서 무덤이 아님을 증언한다.

2) 돌무더기 배치의 사람형상

쪽샘 44호분 유적지가 나타내는 형상을 보자.[9]

철솥이 놓여 있다. 왜 매장했을까? 철솥이 한눈을 이루며, 목걸이가 입을 표시하는 인물상이다. 둥근 금동제품과 귀걸이가 치아를 나타낸다.

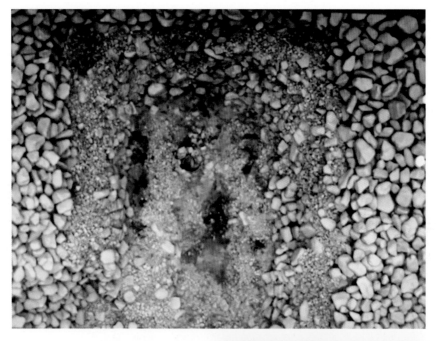

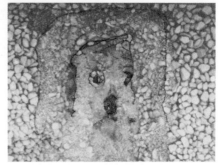

---

9 국립경주문화재연구소, "경주 쪽샘 44호 적석목곽묘 현장설명회", 국립경주문화재연구소 유튜브, 2020. 12. 7., 동영상, 1:14:31, https://youtu.be/g1kNnTYp3EE

쪽샘 44호분의 발굴된 둥근 석축은 원형의 무덤이었음을 나타낸다.

그런데 발굴된 돌무더기의 한쪽이 잘려 나갔다. 도굴 흔적도 없으며, 가지런하게 잘려 나가서 후대에 교란된 것이 아니라, 의도적으로 처음부터 이 상태로 배치한 것으로 보인다.

갸름한 얼굴 형태를 나타내며 인물상을 표현하는 듯하다.

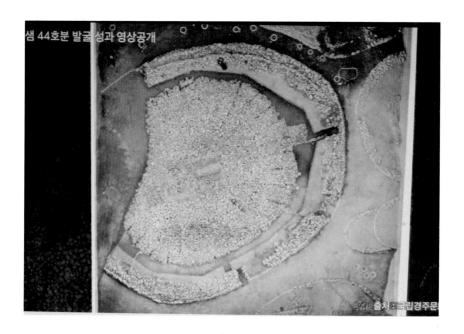

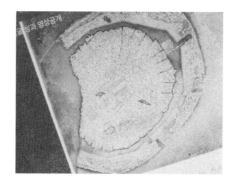

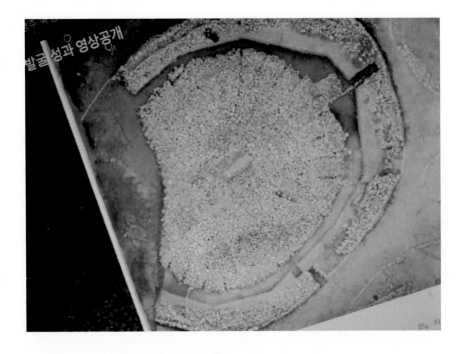

3) 무덤이 아닌 직접적 증거, 팔찌의 출토 상태

양팔에 팔찌를 착장한 채 매장되었다고 설명한다.

왼쪽 팔의 팔찌다.

팔찌가 세워져 있는데 돌이 고정시키고 있다.
우연이 아니라 의도적으로 돌을 끼워 팔찌를 세워 놓았을 수 있다.

그런데 팔찌 안에 다수의 구슬, 옥 등이 들어차 있다.

　팔찌를 팔에 착장한 상태로 매장해서는 팔찌 안에 이렇게 많은 구슬과 옥이
있을 수 없다. 팔찌를 팔에 착장한 상태로 매장하지 않았음이 증명된다. 의도적
으로 빈 팔찌를 묻고, 안에 구슬과 옥을 넣었음이 명백하다.
　팔찌가 서 있게끔 고이고 있는 돌도 의도적으로 배치했을 것이다.

　팔찌 안에 들어차 있는 구슬과 옥들은 피장자에 유물을 착장하지 않고, 유물
만 매장한 움직일 수 없는 증거다.

　이상으로 쪽샘 44호분이 무덤이 아니며, 유물만을 매장해 놓은 것이 증명된
듯하다.
　이처럼 팔찌를 배치한 이유는 무덤처럼 보이면서도, 무덤이 아님을 알 수 있
도록 조치를 취해 놓은 것으로 해석된다.

5. 결언

한반도에서 오직 신라에만 적석목곽분 무덤이 존재한다는 사실 자체가 무언가 석연치 않음을 내포한다.

유물이 출토되며 형태적으로도 무덤이니, 무덤이 아니라는 상상조차 할 수 없었을 것이다.

이런 상태에서 무덤방이 별도로 없으니, 목곽분이 있다가 썩어서 사라졌다는 결론에 이르는 외길밖에 남지 않게 된다.

그렇지 않다면 피장자 위에 직접 돌무더기를 쌓은 것이 되기 때문이다.

신라에만 적석목곽분이라 설명하는 고분이 존재하는 또 다른 이유로는 그 규모 때문인 것으로 추론해 볼 수 있다.

규모가 워낙 큰 데다 내부에 돌무더기가 쌓여 있으니 도굴이 어렵다.

많은 비용이 소요되므로 정식 발굴에 나서기조차 어려울 정도다.

무덤을 숨기지 않고서도 도굴을 방지하는 가장 효과적인 방법은, 규모를 거대하게 하고, 내부에 다량의 돌무더기를 쌓는 것일 수 있다.

그런데 다량의 돌무더기를 지고서 유지되는 무덤방은 있을 수 없어서, 필연적으로 적석목곽분으로 해석되는 형태가 된다.

적석목곽분이란 규정은 이처럼 그 규모와도 관련이 있는 듯하다.

경주 지역의 고분을 거대하게 적석목곽분으로 해석하게 조성한 것은 이를 통해 무덤이 아님을 증명하려는 하나의 방편일 수도 있다고 생각된다.

경주 고분과 같은 형식의 적석목곽분이란 무덤은 존재할 수 없기 때문이다.

경주의 고분이 중앙아시아의 적석목곽분과 유사하다는 설명을 볼 수 있다.

그러나 어느 곳이든 사체 위로 돌무더기가 무너져 내리는 무덤을 조성할 리 없다.

사진으로 살펴보니 중앙아시아의 경우, 목곽 위에 흙을 견고하게 쌓고 그 위를 돌무더기로 덮은 것을 볼 수 있었다.

바로 돌무더기를 쌓는 신라의 적석목곽분과 다르다. 따라서 돌무더기가 무너져 내리지 않는다.

경주 지역의 적석목곽분으로 알려진 고분 형태의 유적들은 무덤이 아니며, 유물의 저장 장소로, 후손에 유물을 전달하는 창구로 조성해 놓은 것으로 추정된다.

신라의 왕족과 귀족의 무덤으로 알려져 있는 고분은 1,300여 기에 달한다고 한다. 얼마나 많은 유물이 매장되어 있을지 상상하기 어렵다.

발굴 비사에는 다소 비과학적으로 보이는 현상도 발생하는 듯하다.

천마총 발굴 당시 경주 지역에 오랜 가뭄이 들어서 주민들이 천마총 발굴 때문이라며 항의했다 한다.

이런 상황에서 무더위와 싸우며 발굴하다 금관을 들어 올리려는 순간, 우레가 치며 큰비가 내렸다 한다.

가뭄에 내리는 비이니 상서로운 비임에 틀림없다.

무덤이 아니라는 관점으로 고분에 접근할 때이다.

2장 무덤이 아닌 고분

1. 공주 수촌리 고분

1) 가지런한 구슬의 배치

공주 수촌리 고분도 무덤이 아닌 듯하다.

수촌리 8호분의 구슬 출토 사진을 보자. 목관이 있었거나 시신에 착장했다면 이처럼 가지런한 모습으로 존재할 수 없다. 바닥에 구슬을 직접 배치했음이 분명하다.

목걸이나 가슴걸이도 아니다. 왜 이렇게 배치해 놓았을까?

구슬의 배치 자체만으로도 시신이 없었음을 시사하는데, 앞에서 살펴본 경주 고분의 내용을 반영하면, 시신이 없이 구슬만을 배치했음이 분명하다.

KBS 〈역사스페셜〉 '금동신발 속의 뼈, 그는 누구인가'(2005년 7월 8일 방송) 영상에 수촌리고분의 또 다른 구슬의 발굴 당시 사진이 나온다.

위의 구슬과 유사한 모습으로 배치되어 있다.

설명 그림을 보아도 얼굴과 몸을 나타내는 인물상인 것이 뚜렷하다.

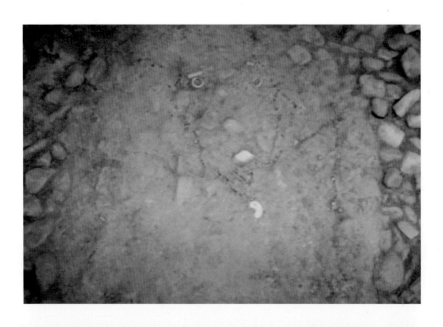

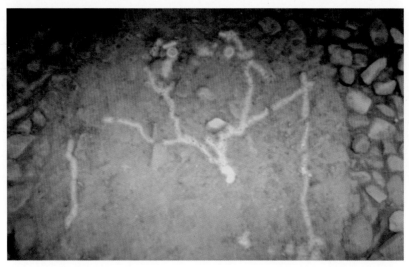

구슬이 윤곽을 이루고, 둥근 두 금제품이 눈을 나타낸다.

경주 쪽샘 44호분에서 돌이 팔찌를 세워 고정시키고 있었는데, 여기에서는 돌이 코와 입을 나타내도록 배치했다.

아래쪽에 경주 고분에서 많이 발견되는 곡옥이 매달려 목걸이를 나타내는 완벽한 인물상이다.

수촌리 고분이 경주 고분과 동일한 주체에 의해 조성되었을 가능성이 크다.

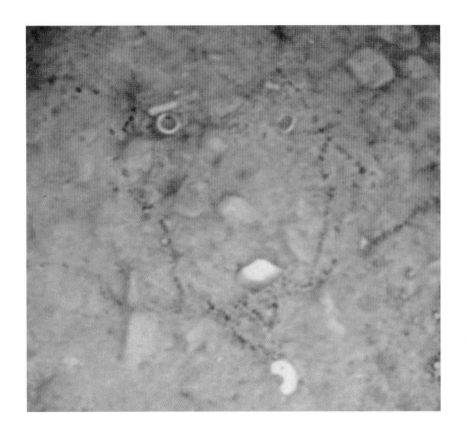

2) 뼈가 들어 있는 금동신발

수촌리 고분에서 뼈가 들어 있는 금동신발이 발굴되었는데, 이에 대해 다음과 같이 설명한다.

"신을 신은 상태로 매장했다고 추정한다. 뼈 위에 돌멩이가 들어 있는데, 오랜 시간 동안 흙이 무너져 내릴 때 신발 안에 돌멩이가 들어가고 신발도 뒤집어진 것으로 추정된다."

그러나 이 추정에는 무리가 따른다.

다른 유물의 출토 상태를 보면, 토기가 반듯하게 서 있는 모습이어서, 흙이 무너져 내리며 신발에 돌멩이가 들어가고, 신발이 뒤집어졌다고 보기 어렵다.[10]

---

10 사진 출처: 이기환, "고고학자 조유전과 떠나는 한국사 여행(3)—무령왕릉 이후 최대 발굴 공주 수촌리 고분(上)", 경향신문, 2008년 7월 4일

엑스레이 사진에 뼈가 나타나는데, 우측 신발의 긴 뼈는 발뼈가 아닌 것이 분명하다.

발뼈가 아닌데 왜 신발 안에서 발견될까.

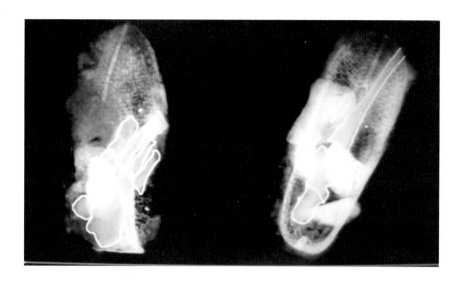

뼈의 발견은 수촌리 고분이 무덤이라는 상식적 판단에 이의를 달지 못하게한다. 따라서 자연스러운 무덤에서 나타날 수 없는 구슬 배치의 특이성을 지나치게 하는 결과를 낳았을 것이다.

그러나 뼈 또한 자연스러운 무덤이 아님을 시사한다. 뼈를 의도적으로 넣고돌멩이로 고정시켰을 수 있다. 발뼈가 아닌 뼈가 신발 안에 들어 있는 상태로유지시켜, 무덤처럼 보이게 하면서도, 무덤이 아님을 알 수 있게 조치를 취해 놓은 것으로 추정된다.

이런 현상에 대해서는 뒤에서 자세히 살펴보기로 한다.

3) 유물의 사람형상

출토된 철제 살포에 새겨진 인물상도 무덤이 아님을 증언한다.

이상으로 공주 수촌리 고분이 경주 고분과 매우 유사하며, 무덤이 아님이 증명된 듯하다.

무덤이 아닌 무덤형식을 빌린 유물의 전달 창구로 해석된다.

2. 익산 입점리고분

1) 무덤이 아닌 이유

익산 입점리고분들은 경사진 산에 위치해 있다. 원래는 주변의 무성한 숲처럼 나무에 뒤덮여 있었을 것이므로, 유물이 출토되지 않았다면 무덤으로 인식조차 하기 어려웠을 것이다.

안내판에 의하면 한 고등학생이 칡을 캐다가 금동제 모자 등을 발견하고 신고하여 알려지게 되었다 한다.

울창하게 나무가 자란 주변 숲의 모습이다.

전시관에 98-1호분을 실제 크기로 재현해 놓았다.

안내판의 내용이다.

"98-1호분은 발견 당시 덮개석이 발견되지 않았으나, 고분의 형태상 모형과 같은 덮개석을 하고 있는 것이 고분의 형태를 유지함에 이치에 맞아 이와 같이 조성하였습니다."

사면에 돌을 쌓아 올렸다면 당연하게 위를 덮어야 무덤방이 만들어진다. 실제로 발견되는 유사한 형태의 무덤들의 위쪽에는 긴 바위들이 덮개석으로 덮여있다. 그러므로 발굴 당시 발견되지 않았던 천장용 덮개석을 조성해 놓았다는 설명이다.

그러나 발굴 당시 존재하지 않았던 바위를 원래는 있었을 것으로 추정하는 것은 무리다. 유물이 남아 있으므로 도굴되지 않았고, 도굴되어도 바위를 옮겨가지는 않으므로, 원래 덮개돌이 있었을 것으로 추정하는 것은 타당하지 않다.

거꾸로 해석하면, 사면에 돌을 쌓아 올려도 덮개석이 없다면, 이는 무덤이라 할 수 없다.

발견된 유물들은 무덤의 부장품이 아니라, 어느 때인가 발견될 때를 기다리며, 의도적으로 매장해 놓았다고 해석하는 것이 더 타당해 보인다.

함께 발견되는 주변의 유적들을 보면 무덤이 아닌 것이 더 뚜렷해진다.

유물이 발굴되지만, 쌓다가 만듯한 적은 양의 돌로 쌓는 시능만 한 곳들이 있는데, 이를 무덤으로 보기 어렵다.

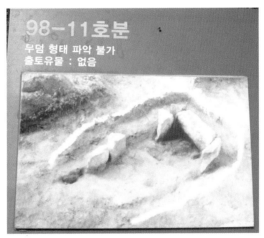

98-12호분

무덤 형태 파악 불가
출토유물 : 금제귀걸이 金製耳飾

98-13호분

돌덧널무덤 竪穴式石槨墳
출토유물 : 없음

98-8호분

무덤 형태 파악 불가
출토유물 : 없음

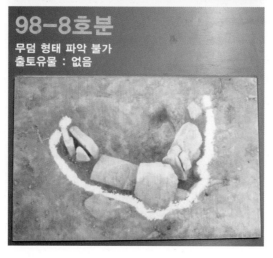

　현재는 봉분을 쌓아 놓아 모두 무덤처럼 보이지만, 발견 당시는 숲에 덮여 있어 봉분의 존재 여부의 의미가 없었을 것이다.

　여러 곳에 적은 양의 돌을 쌓아 소수의 유물을 배치하고, 중앙의 86-1호분에 다음의 중요한 유물을 배치해 놓았다.

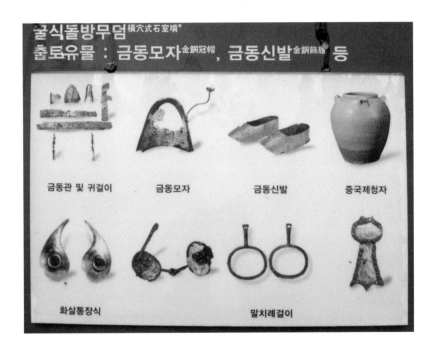

　입점리고분은 이들 금동관과 금동신발, 청자가 발견되는 중요한 유적이어서 주목받는다. 그런데 주변의 무덤들은 소수의 돌만을 배치해 놓았다. 이를 무덤으로 보기 어렵다. 유물이 출토되는 주변의 무덤들이 모두 무덤이 아닌데 86-1호분만 무덤일 수는 없을 것이다.

　입점리고분은 금동관과 금동신발 등의 유물을 무덤이어서 매장해 놓은 것이 아님을 증언한다.

　무덤 양식을 빌어 후대에 유물을 전하기 위해 조성해 놓은 것으로 추정된다.

2) 유물의 사람형상

금동모자의 상실된 부분이 부식 때문은 아닌 것으로 보인다. 부식돼 사라졌다면 이 부분과 이어진 부분에도 부식된 흔적이 보여야 할 것인데 그렇지 않기 때문이다. 처음부터 이 상태로 깨트려 매장한 듯하다.

옆에서 보면 뜯긴 부분들이 두 눈과 코, 입을 형성한 인물상을 이룬다.

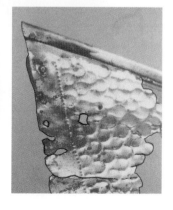

금동신발을 보자.

평범하게 마름모꼴 무늬가 새겨진 듯 보인다.

마름모꼴 무늬는 그 자체로 무난한 장식이 되지만, 동시에 내부의 문양과 어우러지며 중첩된 인물상을 나타내는 듯하다.

청자를 보자.

언뜻 보면 생명형상과 관련이 없는 듯하다. 그러나 우연히 나타나기 어려운
세 개의 흰 점이 나타나 있다. 이 부분만 백자처럼 흰색이다.

확정할 수는 없지만, 흰점이 인물상의 눈과 입을 나타내는 것으로 보인다.

두 눈을 표현한 유물이 화살통 장식이라 추정하는데, 화살통이 함께 발견되지 않았으므로 명확하지 않다.

사람형상를 포함한 생명형상의 표현에서 눈이 차지하는 비중은 매우 크다. 두 눈을 표현하는 유물은 입점리유적이 생명형상과 밀접한 관련이 있음을 나타내는 듯하다.

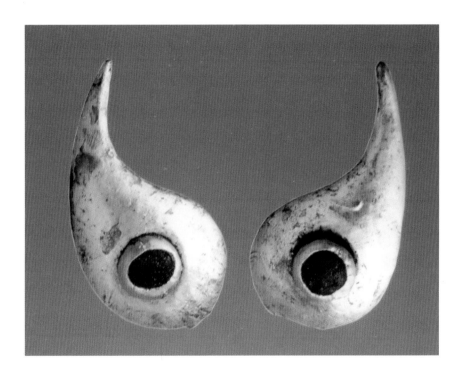

3. 주구무덤

주구무덤은 무덤 주변의 흙을 파내 봉분을 쌓은 무덤이다. 주구周溝는 주변
흙을 파낸 곳을 말한다.

이처럼 주변 흙을 파내면 물이 고일 것인데, 배수가 잘되는 곳에 무덤을 쓰는
것과 모순된다. 왜 이렇게 조성했는지 의문이다.

나주 안산리 주구무덤의 전경이다.
무덤 주변에서 유물을 발굴하는 모습이다.

전남 나주시 노안면 안산리

광주 월계동고분 주구내 유물 출토 모습이다(『백제』).

KBS 〈역사스페셜〉의 '한일 역사전쟁, 영산강 장고형무덤'(2005년 7월 22일 방영) 영상의 내용을 요약해 보자.

"장고형무덤은 장고와 유사한 형태여서 붙여진 이름이다. 일본에 유사한 형태의 무덤이 많은데 전방후원분이라 하며, 무덤 주위에 물이 둘러져 있다. 무덤에 쌓을 흙을 파낸 곳에 물이 고인 것인데, 그 기원은 주구무덤으로 주구무덤이 변화한 것으로 추정된다.

이후 우리나라에서 더 오래된 주구무덤이 발견되었는데 이러한 우리나라의 주구무덤이 장고형무덤이나 전방후원분의 원형이 아닌가 판단된다."

그러나 이 설명에 의문이 있다.

우리나라의 장고형무덤과 주구무덤은 무덤 주변에 물이 둘러져 있지 않고 흙에 매몰돼 있기 때문이다.

발견 당시 주구는 유물을 간직한 채 흙에 덮여 있었다. 그렇다면 조성 당시에는 주구에 흙을 덮지 않았는데, 오랜 시간이 지나며 자연적으로 흙에 덮인 것일까?

주구에서 발견되는 다량의 유물은 주구를 인위적으로 흙으로 묻었을 것을 추정케 한다. 주구에 유물을 넣고 흙을 덮지 않고 방치했다는 것은 받아들이기 어려우며, 흙을 덮는 것이 당연해 보이기 때문이다.

그러나 한편 주구를 흙으로 덮는 것은 봉분을 쌓을 흙을 얻기 위해 파낸 곳을 다시 흙으로 덮는다는 것이어서 모순된다. 그만큼의 흙을 다른 곳에서 옮겨와야 하므로 흙을 얻기 위해 주구를 팠다는 말이 성립하지 않는다.

따라서 주구는 봉분을 쌓기 위한 흙을 파낸 곳이 아니며, '무덤 주변의 유물을 매장한 곳'으로 해석해야 할 듯하다.

결국 주구무덤이라는 설명은 유물을 무덤방이 아닌 무덤 주변에 매장한 이유를 설명하는 과정에서 나온 무리한 해석으로 보인다.

이처럼 유물을 무덤방이 아닌 주변에 매장한 이유는 도굴을 피해서일 수도 있다. 무덤방이 아닌 곳에 유물을 매장하리라 생각하기 어렵기 때문이다.

한편, 무덤은 시신이 중요한 것이며 부장품은 부수적인 점을 고려하면, 시신이 안장된 무덤방이 아닌 주변에 유물을 매장하는 행위는 이해하기 어렵다.

이는 주구무덤이 무덤이 아닐 수 있음을 의미한다.

무덤방이 아닌 주변에 유물을 매장해 도굴되지 않고 온전하게 후손에게 전하기 위해 무덤 양식을 차용해 유물을 매장해 놓은 장소로 추정된다.

무덤이 아닌 것은 그 독특한 형태를 보아도 알 수 있다. 함평 예덕리 만가촌 유적의 전경이다.

무덤이라기보다 흙으로 쌓은 조형물에 가깝다.

함평 월야리 순촌유적지의 주구를 보자.

파인 주구가 인물상을 이루어 분명한 의도를 지니고 팠음을 나타낸다. 이는 주구무덤이 무덤이 아님을 뒷받침한다.

인물상으로 보이며 코와 입이 뚜렷하다. 그리고 약간의 변형이 있지만 섬세한 선으로 눈을 나타냄도 뚜렷하다.

　주구가 뚜렷한 인물상을 새기며, 이곳에서 유물이 출토되므로, 주구무덤은
일반적인 무덤이 아님이 분명하다.

창녕 우천리 상월 안지골 고분군의 주구에서 대량의 토기가 출토되었다는 보도를 보자.[11]

"창녕군은 안지골 고분군에서 다수의 가야무덤을 확인했다고 밝혔다. 유물은 대부분 도굴로 인해 원상을 찾을 수 없으나, 주구에서 대량의 토기가 출토됐다고 덧붙였다.

조사대상지역 내에서 총 8기의 석곽묘가 발굴조사 됐다. 석곽묘는 대부분 도굴돼 벽석이 노출되어 있는 상태였다. 축조 이후 모래가 많이 섞인 봉토의 특성상 주구를 메우게 된 것으로 보인다."

안지골고분군의 주구가 메워진 이유로 봉토에 모래가 많이 섞여 있어 주구로 흘러내려 메웠다고 설명하고 있다. 그러나 앞에서 설명했듯이 유물을 노출된 상태로 방치하지는 않았을 것이다. 따라서 주구가 나중에 자연스럽게 메워진 것이 아니라, 무덤 주변에 유물을 매장하고 덮은 것으로 해석하는 것이 타당하다.

본 무덤인 석곽묘는 대부분 도굴돼 벽석이 노출되고 유물은 대부분 도굴로 인해 원상을 찾을 수 없게 된 반면, 주변 주구에서는 대량의 토기가 온전하게 보존되어 출토되고 있다.

이는 주구무덤을 조성한 데 따른 우연한 결과가 아니라 처음부터 의도된 것임이 분명하다.

주구무덤으로 알려진 고분은 무덤이 아니라는 결론이다.

매장한 유물의 도굴을 방지하고 안전하게 저장해 후손에게 전해 주기 위해 무덤형식으로 조성해 놓은 유적으로 해석된다.

---

11 양철우, "창녕 우천리 상월 안지골 고분군서 가야무덤 다수 발굴" 경남일보, 2021년 8월 19일, http://www.gnnews.co.kr/news/articleView.html?idxno=481200

4. 함평 신덕 장고분

장고분인 함평 신덕고분을 살펴보자. 1991년 도굴된 흔적을 발견하고 무덤을 조사하게 되었다. 관련한 기사를 보자.[12]

"이들은 고분의 원형부 서쪽을 파고 들어갔다.

도굴범은 1993년 검거되었는데, 이미 도굴품 중 상태가 좋은 65점은 팔아넘긴 뒤였다. 이들 유물은 아직 회수되지 않았다."

국립광주박물관의 '함평 신덕고분 전시회'에 게시된 신덕 장고분의 모습이다.

이에 대한 설명을 보자.

"장고분은 위에서 봤을 때 열쇠구멍 모양, 옆에서 봤을 때 장구 모양이어서 붙은 이름이다. 일본에 유사한 무덤이 많은데 앞은 네모지고 뒤는 둥근 형태라 전방후원분前方後圓墳이라 부른다.

네모진 부분 옆에 원형분이 보이는데, 이런 사례가 없었기 때문에 두 무덤의 관계도 알 수 없다."

---

12 이기환, "30년 전 쉬쉬하며 감췄던 일본식 고분-이제는 말할 수 있다." 경향신문, 2021년 8월 24일, https://www.khan.co.kr/culture/culture-general/article/202108240500001

박물관에 게시된 당시의 신문 기사를 보자.

"도굴범들은 현장 답사만으로 고분의 위치를 확인, 석실의 위치와 도굴 지점을 찾아낸 뒤 석실 안에 매장된 모두 65점의 유물을 도굴하는 '신기'를 발휘.

특히 이들은 '경주의 한 고분도 자신들의 도굴이 계기가 돼 발굴한 예'라며 '아직도 전국 곳곳에 발굴되지 않은 고분 등이 상당수 널려 있는데 발굴작업이 제대로 이루어지지 않는 것 같다'며 오히려 당국의 무성의한 문화재 관리정책을 책망했다고 수사진이 전언.

당국은 91년 3월 이 고분이 파헤쳐진 뒤 같은 해 6월부터 발굴조사단을 긴급 투입하였다. 검찰은 도굴범이 결국 문화재를 발굴하는 개가를 올린 셈이 됐다고 하였다."

도굴 과정에서 낯 선 형태의 장고 모양에서 석실의 위치를 쉽게 파악한 이유 중 하나는 원형분의 존재 때문일 수 있다. 원형의 곳이 무덤의 본체이며, 네모진 곳은 입구로 해석할 수 있기 때문이다.

실제로 네모 형태의 곳에 입구가 위치해 있다.

1호 무덤 널길

이는 결과적으로 네모진 부분을 입구로 생각해 파 보지 않게 하는 효과를 가져왔다.

입구 부분은 주구무덤의 주구와 같은 기능을 한듯하다. 이 부분에도 유물이 매장되었지만 유물이 매장되었으리라 생각하지 못하는 것이다.

박물관에 게시된 무덤 입구에 쌓여 있는 유물에 대한 설명글이다.

"무덤을 막으며 여러 물건을 놓아두다

무덤의 돌방으로 들어가는 널길을 폐쇄하기 위해 문비석 앞에 많은 양의 돌이 쌓여 있었다. 조사를 위해 돌을 걷어내는 과정에서 돌 사이와 바닥에서 여러 유물이 출토되었다.

그중 폐쇄석의 위쪽과 바닥 쪽에서 확인된 굽다리접시와 뚜껑접시편이 접합되었다. 즉, 무덤 입구를 막는 과정에서 그릇을 깨뜨려 넣거나, 일부 물건을 바닥에 던져 놓는 등 의례적 행동이 있었음을 추측할 수 있다."

돌방으로 들어가는 널 길에서 여러 유물이 출토되었다는 것은 주구무덤의 주구에서 유물이 출토되는 것과 유사하다. 결과로 무덤방이 도굴되어도 이곳의 유물은 보존되게 된다.

100여 점의 뚜껑접시가 4-5단으로 쌓여 있고 다른 토기들도 보전되었는데 이 때문으로 보인다.

원형분과 함께 있는 신덕고분의 장고형무덤은 주구무덤처럼 유물을 보전하기 위해 조성해 놓은 것으로 추정할 수 있다.

원형의 곳에 무덤방이 있을 것으로 쉽게 추정할 수 있어, 네모진 부분은 도굴 대상에서 벗어나게 된다.

박물관의 게시된 의례에 대한 설명글을 보자.

"무덤 위 의례의 결과물, 그릇받침을 깨다.

신덕고분의 분구 정상부에서 확인된 그릇받침 편이다. 봉토흙을 쌓아 올린 후 그릇받침을 깨뜨린 후 여기저기 두었던 것으로, 발굴조사로 확인된 여러 조각의 그릇받침은 거의 한 개체의 것이었다.

일부러 깨뜨리거나 구부리는 행위인 훼기(毁棄)는 이미 선사시대부터 확인되고 있으며 영산강 유역의 마한 분구묘의 도랑에서도 호형토기를 깨뜨려 일정한 간격으로 둔 사례도 있다.

훼기는 나쁜 것을 막거나 죽은 자와의 단절, 또는 죽은 자의 부활을 막는 행동이거나 이를 두려워하는 마음을 담은 것으로 보인다."

무덤 위쪽에 조각조각 내어 매장한 한 개체의 그릇받침의 모습이다.

훼기는 나쁜 것을 막거나 죽은 자와의 단절, 또는 죽은 자의 부활을 막는 행동이거나 이를 두려워하는 마음을 담은 것이라 설명하고 있다. 그러나 이런 목적이라면 다른 토기들도 모두 깨뜨려 넣어야 하지 않을까?

조각이 형상을 나타내는 것으로 보이는데 이를 위한 것일 수 있다.
깨진 조각을 살펴보자.

다음 두 조각의 조합이 인물상을 나타내는 것으로 보인다. 높낮이가 다르지만 표면에 두꺼운 무늬가 이어져 있어서 두 조각이 제 위치에 결합되었음을 알 수 있다.

전체적인 형태가 인물상이고, 두 조각의 높낮이가 다른 부분을 활용해 눈과 코를 나타냈다.

깨뜨린 이유가 더 있을 수 있겠지만, 사람형상을 표현하기 위함인 것도 분명해 보인다.

이처럼 토기를 깨뜨려 인물상을 나타낸 것이 무덤방 입구에 놓여 있는 뚜껑접시 토기에도 나타난다. 100여 점에 달하는 뚜껑접시의 모습이다. 모두 깨뜨린 흔적이 없이 온전하다.

(사진: 『경향신문』, 앞의 기사)

광주박물관에 게시된 사진이다.

다른 접시는 온전한데 하나의 토기만 깨졌다. 깨진 조각이 남아 있다면 보존 처리할 때 맞추어 놓았을 것이다. 조각이 남아 있지 않은 이유는 무엇일까? 다른 부분이 온전하므로 깨진 조각만 부식되어 사라질 리도 없다. 깨뜨린 후 이 상태대로 매장했다는 것인데 이유가 있을 것이다.

깨진 부분이 인물상을 나타낸다. 두 구멍이 눈을, 균열선이 입을 표시한다. 보는 위치에 따라 입의 위치가 달라진다.

이렇게 깨뜨리는 것이 가능한지 의문이 들지만, 가능했음이 차츰 다양한 사례를 통해 증명되리라 판단된다. 또는 제작 과정에서 이렇게 제작했을 수도 있다.

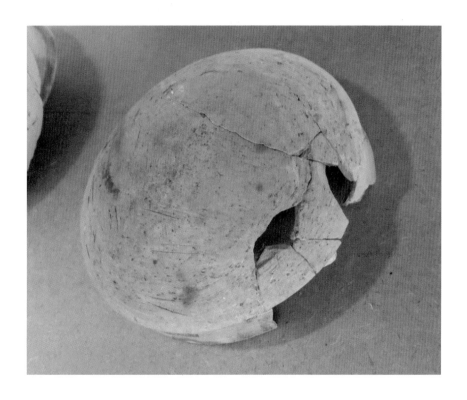

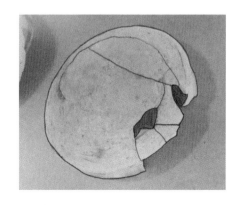

유사하게 깨진 토기가 형상을 나타내는 사례를 보자.

봉분이 주저앉아 무덤인 줄 몰라서 도굴당하지 않고 온전하게 유물이 보전된 함안 말이산 5-1호분의 토기다. 동일한 방식으로 인물상을 표현하는 것으로 보인다.[13]

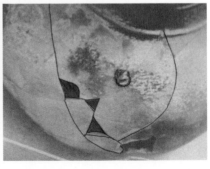

---

13 MBC 경남, "가야고분군 문명과 교류의 타임캡슐―MBC 경남 특집 다큐멘터리, 엠키타카, 2018. 10. 31., https://youtu.be/auFeUQyZsjI

인근의 함평 금산리 고분에서 얼굴모양토기가 출토되었는데, 구멍이 눈을 나타낸다.

다른 방식이지만 위에서 살펴본 신덕고분 토기의 깨진 구멍이 인물상을 표현하는 기능을 하고 있음을 뒷받침한다.

신덕고분의 입구의 다음 타날토기로 알려진 격자문토기에 대해 살펴보자.

둥근 원이 보이는데 정확한 원형이어서 인위적 현상임이 분명하다. 윗부분의 원의 외곽 부분을 따라 짙은 회색의 물질이 나타나 있어 더욱 확실하다.

원의 윗부분에 나타난 물질의 성분에 대한 조사가 필요해 보인다.

　위의 원 안에 나타난 검은 색감이 인물상을 나타내는 것으로 보인다. 검은색의 안료로 그림을 직접 그렸음이 분명하다.

　많은 토기들에 나타난 검은 색감이 불에 굽는 과정에서 그을린 것이 아니라 이 안료일 가능성이 매우 높다.

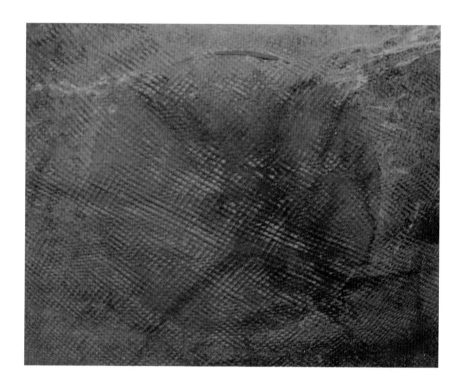

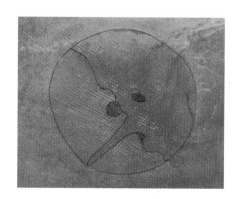

참고로 화성 소근산성 출토 항아리(경기박물관)에도 둥근 원이 그려져 있다.

검은 색감의 물감으로 원을 그리고 있음이 명백해졌다.

원형의 검은 색감이 뚜렷한 인물상을 나타낸다.

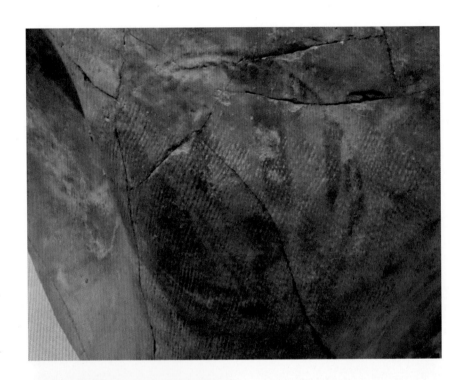

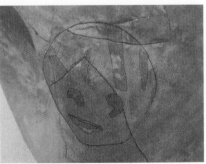

다음 토기는 균열된 선이 원형을 이루고 있어 자연스러운 균열로 보기 어렵다. 균열선이 인물상을 나타내서 인위적으로 균열시켰음을 증명한다.

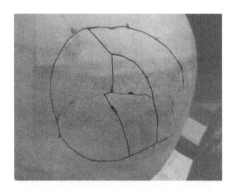

이상으로 무덤방 입구에 놓인 유물을 살펴보았다.

장고형무덤의 원형의 부분에 위치한 무덤방은 도굴되었지만, 네모 부분에 매장된 유물은 그대로 보존되었다. 이곳에 보존된 유물의 분석으로 유물들이 왜 보존되어야 하는 지가 잘 드러났다고 생각된다.

그리고 장고형무덤 형태로 조성한 이유도 충분히 드러났다고 판단된다. 무덤방의 위치가 특정되면 다른 곳은 도굴의 대상에서 제외되어 주구무덤의 주구에 묻힌 유물처럼 보존된다. 장고형무덤 형식은 무덤이라기보다 유물의 보존 자체를 목적으로 조성된 것으로 판단된다.

지금부터는 도굴당한 신덕고분 무덤방을 살펴보자.

65점의 도난당한 물품은 확인이 불가하지만, 남아 있는 유물의 분석을 통해 신덕고분이 무덤이 아님이 증명될 것으로 판단된다.

무덤방에서 나무널의 잔해들이 발견되는데 일본산 금송이라 한다(이기환, 앞의 글).

국립광주박물관 신덕고분전에 전시된 관못이다.

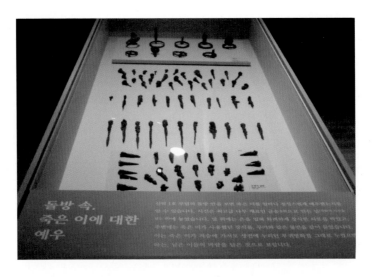

그런데 전시된 나무널을 자세히 살펴봐도 위의 관못이 박혔던 흔적이 보이지 않는다. 관못이 박힌 부분이 부식돼 사라졌다 해도 그 접촉면 등에서 박혔던 흔적이 보여야 할 것이다. 전혀 그 흔적이 없음은 관못이 실제로는 나무널에 사용된 것이 아님을 나타낸다.

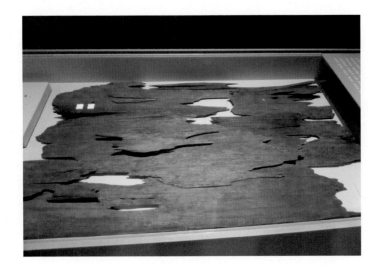

그렇다면 관못의 존재는 무엇일까?

신덕고분이 무덤이 아니며, 기획적으로 조성해 놓았다는 명백한 증거가 된다.

관의 잔해로 보이는 널빤지와 관못이 함께 출토되므로 당연하게 나무관이 있었다고 판단하게 된다.
그러나 널빤지에 관못이 사용된 흔적이 없으므로 함께 매장되었지만 둘은 별개다.

이로써 무덤처럼 보이게 하면서도 동시에 무덤이 아님을 알아볼 수 있게 된다.

청동 금동관과 금동신발의 조각이 발견되었다.

온전한 상태였다면 도굴품에 최우선으로 포함되었을 것이다. 조각나 있었으므로 남아 있게 된 결과가 된 듯하다.

이들이 매장된 이후 조각나지는 않았을 것이며 처음부터 조각내 부장되었을 것이다. 토기를 조각내 매장한 것과 동일한 현상이다. 조각 전체를 매장하지 않고 일부만을 매장한 듯한데, 마치 도굴당할 것을 알고 피하기 위한 것처럼 보인다. 결과적으로 도굴 물품에 포함되지 않고 남아 있게 된 듯하다.

금동신발 조각이 나타내는 인물상은 위의 가설들이 사실임을 방증한다.

무덤방의 내부 공간이다.

하단부에 길쭉한 판석을 깔고 위쪽에 깨진 돌을 쌓아 벽체를 조성했다.

아래쪽 판석의 모습이다.

판석이 인물상을 나타내는데 약간 돌려서 보면 더 뚜렷하다.

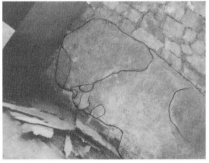

신덕고분의 유물과 무덤방 내부의 바위에 모두 인물상이 새겨져 있다. 무덤이 아니며 유물의 전달 창구임이 분명하다.

한편, 그럼에도 불구하고 유골과 치아 조각이 발견돼 여전히 무덤임을 부정하기 어려운데, 이에 대해서는 뒤에서 살펴보기로 한다.

3장 공주 무령왕릉

유일하게 매장자의 신원이 확인된 무령왕릉을 살펴보자.

1. 숨겨진 고분

무령왕릉이 속해 있는 송산리 고분군 전시관에 게시된 무령왕릉의 발견과정에 대한 내용이다.

송산리고분은 2021년 9월 29일부터 "공주 무령왕릉과 왕릉원"으로 이름이 바뀌었으니 바뀐 이름을 사용하기로 하며, 필요시 혼용해 쓰기로 한다.

"무령왕릉과 왕릉원의 6기의 무덤이 모여 있는 곳에서 비가 오면 5호분과 6호분에 물기가 새거나 습기가 차 배수로를 내는 과정에서 발견되었다."

무덤의 존재를 숨겨놓았음이 분명하다. 고분 사이에서 봉분이 없이 존재했으므로 도굴을 피하고 유물이 온전하게 보전된 것이다.

1971년 무령왕릉 발굴당시 5, 6호분 전경

　도굴을 피해 온전하게 보존된 고분들은 합당한 이유가 있는 듯하다. 봉분이 드러나 있었으나 도굴을 당하지 않은 경주 고분에서는 무덤방 주위에 다량의 돌을 쌓아서 도굴의 엄두를 내지 못하게 했다.

　함안 말이산고분 중에는 봉분이 있어 도굴을 시도했으나 무덤방을 발견하지 못해 실패한 곳이 있다. 이후 정식 발굴에서 원래 있어야 할 지점으로 생각되는 곳에서 5미터 벗어난 지점에서 무덤방을 발견했다 한다. 도굴을 피하기 위해서가 아닐까 추정된다.

　앞에서 살펴본 주구무덤이나 장고형무덤처럼 무덤방이 아닌 곳에 유물을 부장한 것도 같은 이유로 보인다.

　이처럼 봉분이 존재했으나 도굴을 피한 경우 그에 합당한 조치를 취해 놓았기 때문으로 판단된다.

　이와 다르게 봉분 자체가 없어 무덤임을 모른 곳들이 있다.

　울산 대곡댐 수몰지구의 하삼정유적은 6,000여 평에 불과한 지역에 800여 기의 고분이 밀집되어 있었으나 봉분만 훼손된 채 그대로 보존돼 있었다 한다.

　많은 유물이 수장된 대규모 무덤 집단의 봉분이 모두 자연적으로 훼손됐다고 보기 어렵다. 봉분이 훼손된 것이 아니라 무덤의 존재를 감추기 위해 처음부터 만들지 않았을 가능성이 크다. 무덤의 존재를 숨긴 것이다.

　함안 말이산 5-1호분은 봉분이 주저앉아서 무덤인 줄 몰랐다가 정비 조사 과정에서 발견되었다. 이처럼 봉분 없는 무덤방과 유물이 발견되는 이유도 이들 무덤의 존재를 숨겼기 때문으로 보인다.

　무령왕릉도 함안 말이산 고분의 봉분 없는 무덤과 같은 방식으로 그 존재 자체를 숨긴 것으로 추정할 수 있다.

이처럼 많은 고분들은 도굴을 피하기 위해 그 존재를 숨긴 듯하다.

이는 고분이 무덤이 아닐 수 있음을 의미한다.

도굴을 막으려 한다지만 봉분도 없는 왕의 무덤을 조성하면 왕좌를 이어받은 후대 왕의 권위를 세우는 데 지장이 있을 것이다.

도굴을 당하려면 후대의 지위가 약해져 보호할 수 없어야 가능함을 전제하면, 후대의 영속성을 부정하는 결과가 된다.

무덤으로 보기 어려운 이유다.

숨겨져 도굴되지 않고 온전하게 유물을 보존한 무령왕릉에는 특별한 의도가 담겨 있음이 분명하다.

조한시대(조선과 대한민국 사이) 일본인에 의해 자행된 대규모의 도굴과 더불어, 많은 고분이 연구라는 미명하에 발굴되어 유물이 반출되어 사라졌다.

무령왕릉이 위치한 송산리고분 군의 고분들도 마찬가지다. 무령왕릉이 이 시기를 피한 것은 전적으로 감추어져 있었기 때문이다.

조선시대까지 고분들이 온전하게 보존되었음을 감안하면, 무덤이 숨겨진 이유는 조선시대 이후를 대비했다고 생각할 수 있다. 무자비한 발굴과 도굴을 피해 이후 우연하게 발견되었는데, 결과적으로 때가 되었기 때문으로 해석된다.

경주 지역의 고분은 봉분이 노출되어 있지만, 거대한 규모로 인해 도굴은 물론 정식 발굴조차 쉽지 않도록 설계되었다.

그리고 전국에서 다양한 형식의 도굴되지 않은 고분이 발견되어 적절한 대비가 있었음을 짐작케한다.

무령왕릉은 일반에게 공개돼 오다가 훼손이 심각해 1997년에 영구 폐쇄됐다. 관련 글을 보자.[14]

"1990년대 후반 무령왕릉 보존을 둘러싸고 큰 논란이 벌어졌다. 왕릉 건축 부재인 전돌이 봉분 무게를 견디지 못해 다수 부서졌기 때문이다. 조사 결과 왕릉 발굴 이후 문제가 생겼음이 드러났다. 이 왕릉은 벽돌무덤이기 때문에 원래 봉분이 크지 않았으나 1970년대에 이 무덤의 봉분을 '왕릉에 걸맞은 규모'로 거대하게 복원했던 것이다.

1,400년 이상 잘 보존되어온 백제 왕릉을 20세기 한국에서 30년도 채 안 되어 돌이킬 수 없을 정도로 망가뜨린 것이다. 결국 문화재청은 봉분 높이를 줄이고 왕릉을 영구적으로 폐쇄했다."

봉분 무게에 무덤방의 전돌이 깨진 것은 봉분이 없음을 전제로 무덤방을 조성했음을 나타낸다. 따라서 원래 상태대로 봉분을 제거하는 것이 옳을 듯하다.
벽돌무덤이기 때문에 원래 봉분이 크지 않았다고 추정하나, 봉분을 전제했다면 그에 맞추어 벽돌을 2중으로 쌓는 등의 조치를 취하거나, 다른 무덤 형식으로 바꾸었을 것이다.

무덤이므로 원래는 봉분이 있었을 것으로 추정하는 것은 앞에서 살펴본 익산 입점리 98-1호분과 유사하다.

당연히 있어야 할 봉분이 없는 무령왕릉이나, 당연히 있어야 할 덮개돌이 없는 입점리 98-1호분.
두 곳 모두 무덤이 아닐 수 있음을 나타낸다.

---

14 이한상, "50년을 이은 교훈, 백제 무령왕릉 발굴의 비밀" 동아일보, 2021년 3월 2일, https://www.donga.com/news/Opinion/article/all/20210302/105669024/1

2. 무덤으로 볼 수 없는 이유

1) 무덤이 아닌 이유

봉분 없이 조성된 것은 무덤이 아닌 유력한 증거가 된다.

관의 바닥판이 없었다는 다음 기사를 보면 무덤이 아닐 가능성이 커진다. 국립공주박물관에서 발굴 50주년 학술대회에서 발표할 내용이라 한다.[15]

김규동 국립중앙박물관 미래전략담당관은 7일 발표할 발표문에서 다음과 같이 설명했다.

'왕과 왕비 목관 모두에서 바닥판은 발견되지 않았다며,
목관의 뚜껑과 옆면은 비교적 잘 남았으며, 쉽게 부패하지 않고 습기에 강한 일본산 금송에 옻칠을 해서 관을 만들었다는 점을 고려하면 흔적조차 존재하지 않는 바닥판은 애초에 없었다고 봐야 한다고 설명했다.'

이어 바닥판이 없다는 견해의 근거로 '바닥판이 부패해 사라졌다면 이와 맞닿은 시상(시신을 안치하는 판)도 부패했을 확률이 높지만, 왕비 시상이 거의 온전한 모습을 하고 있다'며 무령왕릉에서 수습한 못 1,279점 중에 바닥판에 쓴 것으로 추정되는 유물도 없다고 지적했다.

---

15 박상현, "무령왕릉 목관에 바닥판 없었다…관은 무덤 안에서 조립" 연합뉴스, 2021년 7월 7일, https://www.yna.co.kr/view/AKR20210707159200005

또 김 담당관은 고분 입구에서 무덤방에 이르는 길인 연도가 높고 낮은 점에 주목해 '들어 나르는 관'이 아니라 '설치하는 관'이 사용됐다고 추정했다.

왕과 왕비의 권위를 고려하면 관의 아래판이 없는 것도, 관을 해체해 안에서 작업하는 것도 어색하다. 목관이 설치되지 않았을 가능성이 크다. 목재가 관의 잔해가 아닐 수 있는 것이다.

이에 대해서 학계에서도 의문이 제기되고 있는 듯하다.

KBS 〈역사저널 그날〉 81회 '백제의 왕도 세계의 유산이 되다'(KBS, 2015년 7월 5일 방송)에서 신병주 교수는 다음과 같이 설명한다.

"목관이 부서진 원인은 미스터리다. 형태를 보면 썩어서 이렇게 문드러졌기 보다는 뭔가 좀 인위적으로 하지 않았을까하는 이런 견해도 제시되고 있는데…."

실제로 발견 당시 목재의 배치를 보면 매우 가지런하며, 바닥 전체를 균일하게 덮고 있어 자연적으로 관이 부서진 것으로 보기 어렵다.

왕과 왕비가 누운 방향도 자연스런 무덤이 아닐 수 있음을 나타낸다.
관련 기사를 보자.[16]

"유물의 출토 지점으로 본 왕과 왕비가 누운 방향도 참 특이했다. 왕과 왕비
가 무덤방의 긴 축과 평행하게 안치되었고, 무엇보다 무덤 문이 있는 남쪽으
로 머리를 두고 있었다. 보통 매장할 때 죽은 자는 북쪽에 머리를 두고, 산자
는 남쪽을 향한다는 관념에 따라 머리를 북쪽에 둔다. 그런데 왜 무령왕 부부
의 방향은 남쪽일까."

무덤방에서 발견된 지석에 간지가 새겨져 있으므로 당시에도 방향을 중시했
을 것이다. 머리를 북쪽으로 두지 않은 것은 자연스러운 무덤이 아닐 수 있음을
나타낸다.
기사를 더 보자.

"무령왕릉에서는 무려 1,279점의 못이 확인되었다. 그중 123점은 왕과 왕비의
목관에 사용된 못이었다. 그럼 나머지 1,156점의 못은 어떤 용도로 쓰였을까.
　연구자들은 왕과 왕비의 목관 외에도 여러 목재 편이 무덤방 입구 쪽에서
널브러져 있는 채 확인된 것에 주목하고 있다. 그렇다면 이런 목재와 못은 무
덤길과 무덤방 사이에 설치된 출입문의 흔적으로 추정된다. 그 밖에도 나무로
만든 구조물이 존재했을 것으로 보고 있다."

무덤방 내부에 오래지 않아 썩어 없어질 나무문을 설치하는 것은 자연스럽지
않다.

---

16 이기환, "무령왕 부부 위로 황금 꽃비가 내렸습니다…왕릉 속 2,715개 연꽃·원형 장식
　의 비밀" 경향신문, 2021년 9월 28일, https://m.khan.co.kr/culture/culture-general/
　article/202109280500001

무엇보다 최초 발견 당시의 모습을 보면 목재가 가지런하게 쌓여 있다.

관 위로 문과 나무 구조물이 무너졌다면 목재가 서로 엇갈리며 매우 어수선한 모습이어야 한다. 그와 달리 끝단을 맞춘 듯 가지런한 목재는 의도적으로 배치했음을 나타낸다.

유물을 배치한 후 그 위를 목재로 덮은 것으로 추정된다.

최초 발굴 당시의 모습이다.

관못의 수가 관에 사용된 것보다 너무 많으므로 여러 목재 구조물이 있었을 것으로 추정한 듯한데, 자연스러운 무덤이 아니라면 이야기는 달라진다. 무덤이 라는데 추호도 의심이 없으므로, 해명이 안 되는 부분도 무리하게 맞추어 설명 을 시도하게 된다.

목관에 사용된 것보다 많은 수의 목재 편과, 과도한 수의 관못, 그리고 가지런 히 정돈된 목재의 배치는 무덤이 아님을 알 수 있게 하려는 하나의 장치로 볼 수 있다.

무령왕릉이 무덤이 아닌 또 다른 유력한 증거는 유물의 출토 상태다.

앞에서 경주 지역 고분들의 유물 출토 상태를 분석해 무덤이 아님을 살펴보았다. 이와 유사한 방식으로 무령왕릉도 무덤이 아님을 유추할 수 있다. 무령왕릉과 왕릉원 전시관에 무령왕릉의 발굴 당시의 무덤방 모습을 재현해 놓았다.

디지털사진도 게시돼 있는데, 목재에 덮여 있는 모습이다. 유물들은 목재 아래에 깔려 있다.

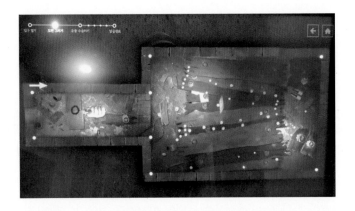

목재를 드러낸 후 유물만을 재현해 놓은 모습을 보자. 발굴 당시 현장이 어지러웠다지만 작은 구슬이나 금속 편이 아닌 비교적 큰 편에 속한 유물들은 당시의 모습과 크게 다르지 않을 것이다.

유물이 여기저기 심하게 흐트러져 있는데 원인을 알 수 없으며, 지진 등의 자연적 요인으로 추측할 뿐이라 한다. 그런데 목재는 가지런하다. 가지런한 목재에 눌려 있는 유물만 흩어져 있는 이유는 무엇일까. 아래에 깔린 유물이 흐트러지려면 누르고 있는 목재 역시 흐트러져야 가능할 것인데.

유물을 배치하고 목재로 덮었을 가능성이 크다. 이처럼 설명할 수 없는 유물의 배치 상태는 무덤이 아님을 뒷받침한다. 경주의 고분들은 적석목관분의 무덤에서 나타날 수 없는 가지런한 유물의 배치로 의문을 불러일으켰다면, 무령왕릉은 흩어진 유물의 배치로 의문을 제기한다.

이처럼 유물이 흐트러져 있는데 여기에 부합하지 않은 유물이 있다. 특히 목관이 무너져 내렸다면 나타나기 어려운 모습이 여러 군데 나타나 있다.

가까이 있는 팔찌 두 쌍이 서로 겹쳐 있다. 목관이 무너지는 충격에서 두 상의 팔찌가 겹친 상태일 가능성은 매우 낮을 것이다.

목재 위의 팔찌도 서로 겹쳐 있다.

목관이 무너지며 두 팔찌가 동시에 뛰어올라 목재 위로 오르기도 어려운데. 서로 겹칠 확률이 얼마나 될까. 더구나 앞의 겹쳐진 두 쌍과 함께 고려하면 자연적으로 형성되었을 가능성은 거의 없다고 생각된다. 의도적으로 배치하지 않고서는 나타나기 어려운 모습이다.

목관이 무너진 것이 아니라 목재를 포함한 유물을 처음부터 이런 상태로 배치해 놓은 것으로 추정할 수밖에 없다.

따라서 무덤이 아니라는 결론에 이른다.

2) 유물의 증언

손잡이 고리가 눈을 나타내는 듯하다.

디지털사진에서 볼 수 있듯이 손잡이 고리들이 온전히 부착돼 있다. 작은 못으로 고정된 듯한 고리가 오랜 시간 동안 어떻게 떨어지지 않았는지 의문이다. 손잡이 고리가 생명형상을 표현하는 기능을 하고 있다.

목재의 파인 형태가 눈과 코, 입을 표시한다.

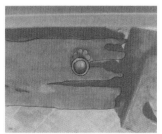

목재는 시간이 오래 지나면 썩지만, 다른 면은 온전한데 끝단만 이렇게 크게 변하기는 어렵다. 인위적으로 조성한 것으로 추정된다.

무령왕릉의 목재가 생명형상과 관련 있음을 알 수 있다.

『무령왕릉 신보고서(IV)』(공주박물관 간행)에 실린 목관의 손잡이 부분을 보자.
먼저 왕의 목관 손잡이 모습이다. 특이하게 고리가 모두 벌어져 있다.

손잡이를 설치하기 위해 구멍을 뚫은 부분은 부식에 약하기 마련이다. 그런데 다른 부분이 썩어서 크게 사라지는 동안에도 손잡이가 탈락하지 않고 부착되어 있어 의문이다.

왕비 목관의 손잡이가 부착된 모습을 보자. 뒷면까지 거의 온전하게 보존된 모습이다.

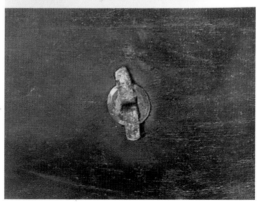

목재가 썩어서 관이 무너지고 목재의 일부가 사라진 것이 아니라, 처음부터 이 상태대로 조성된 듯하다.

온전하게 부착된 손잡이는 이를 증언한다.

왕비 목관에 부착된 손잡이들을 살펴보자.

왕의 둥근 고리는 모두 벌어져 있었는데, 왕비의 둥근 고리는 모두 벌어지지
않았다.
의도적으로 고리를 조성해 놓았음을 알리려는 의도로 해석된다.

은어뼈를 보자. 작은 가시까지 남아 있다.

무령왕릉에서 인골은 치아 하나만 발견되었다.

이처럼 은어뼈가 온전히 보전되어 있는데, 동일한 환경에 있는 유골이 치아 하나만 남기고 모두 사라졌다는 것은 상식적이지 않다.

유골이 애초에 없었을 수 있다. 치아 하나를 의도적으로 배치했을 수 있는데, 이에 대해서는 뒤에서 자세히 살펴보기로 한다.

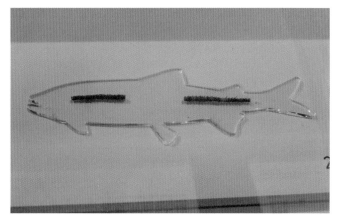

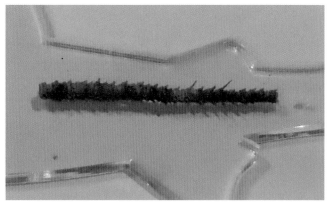

청동거울에 끼워진 가죽끈이 남아 있는 것도 마찬가지다(공주박물관 도록).
인골이 사라지는 동안, 뼈보다 약한 가죽이 남아 있기는 어려울 것이다.
가죽끈은 은어뼈와 같은 기능을 위해 부장된 듯하다.

　왕비의 시상이 전시돼 있다. 그런데 왕의 시상은 살펴볼 수 없다.

　왕비의 시상만 확인되었기 때문이다.

　앞에서 살펴보았듯이 관의 아래 판이 없었다는데, 왕의 시상이 확인되지 않았다면 유골을 맨바닥에 안치했다는 이야기가 된다. 이는 상상하기 힘들다. 왕비의 시상은 설치했는데 왕의 시상을 설치하지 않은 유일한 이유는 무덤이 아님을 나타내려는 의도로밖에 볼 수 없다.

　왕비의 시상 모습도 무덤이 아님을 증명한다.

　'지석에 따르면 왕비는 사망 이후 27개월, 즉 3년간의 빈장을 치른 후 무령왕릉에 모셔졌다.'(안내판)

　전시된 왕비의 시상은 유골이 온전한 모습으로 올려져 안치될 수 없다. 유골이 애초에 없었음이 분명하다.

이처럼 시상 하나만 보아도 분명한 사실을 연구자들이 지나친 것은 무덤이 아니라는 생각 자체를 할 수 없었기 때문일 것이다. 벌거벗은 임금님 우화가 그 대로 들어맞는다.

무령왕릉은 무덤이 아닐 가능성이 커 보인다.

그러나 지석의 존재는 왕비의 시상만 있고, 그조차 전혀 시상의 역할을 할 수 없음에도 무덤임을 의심하지 못하게 했을 것이다.

왕비의 것으로 추정되는 하나의 치아도 마찬가지다.

지석과 왕비의 치아에 대해서는 뒤에서 살펴보기로 한다.

3) 유물 배치의 사람형상

목재를 포함한 유물을 의도적으로 배치했음은 흐트러진 유물 사이에 반듯하게 배치된 유물의 모습을 보면 더욱 명확해진다.

허리띠로 보이는 긴 금동제품이 환도와 직각을 이루며 반듯하게 놓여 있다. 흐트러진 주변의 유물 상태와 완전히 다르며 의도적으로 배치해 놓은 것이 분명하다.

반대 방향에서 바라본 모습이다. 유물의 배치가 인물상을 표현하는 듯하다. 긴 금동제품과 환도가 머리카락을 나타낸다. 다른 금동제품이 둥근 형태로 놓여 두 눈을 이루고, 규모가 큰 금동제품이 코를 이룬다.

　인위적으로 배치한 것이 분명한 유물의 상태와, 유물의 배치가 보이는 생명형
상은 무령왕릉이 무덤이 아님을 강력히 시사한다.

3. 묘지석

앞에서 무령왕릉이 무덤이 아님을 살펴봤지만 지석과 왕비의 치아가 발견되어 여전히 무덤임을 부정하기 어렵다.

치아에 대해서는 뒤에서 살펴보기로 하고 지석에 대해 분석해 보자.

1) 관례에 어긋난 왕의 지석

국립공주박물관에 게시된 왕의 지석에 적힌 내용이다.

"영동대장군 백제 사마왕께서 62세 되는 계묘년(523년) 5월 7일 돌아가셨다. 을사년(525년) 8월 12일에 안장하여 대묘에 올려모시며 기록하기를 위와 같이 한다."

박물관에 게시된 『삼국사기』 백제본기의 무령왕의 이름에 대한 설명에는 "무령왕의 이름은 사마 혹은 융이니"라 되어 있다.

사마왕의 사마는 무령왕의 이름임을 알 수 있다.

그런데 이는 사후 왕의 이름을 부르지 않는 관례에 어긋난다.

두산백과의 내용이다.

"한국, 중국, 일본 등에서 왕이나 제후 등이 생전에 쓰던 이름을 '휘'라 한다. 원래는 죽은 사람의 생전의 이름을 삼가 부르지 않는다는 뜻에서 나온 말인데, 후에는 생전의 이름 그 자체를 휘라고 일컫게 되었다. 죽은 이의 이름자를 피하는 휘의 풍속은 진秦나라 때부터 시작되었다 한다."

이런 관례에 따르면 지석에 시호가 아닌 어릴 때 이름을 기록하는 것은 성립하기 어렵다. 그런데도 이렇게 기록한 데는 이유가 있을 것이다.

먼저 무령왕의 무덤으로 믿게 하려는 의도가 담긴 것으로 보인다.

화려한 유물은 공주를 거점으로 백제를 부흥시킨 강력한 권위에 일치하기 때문에, 어릴 때의 이름을 기록하는 어색함에도 불구하고 무령왕릉으로 받아들이게 된다.

그러면서도 한편으로 무덤이 아닌 것을 알아볼 수 있게 하려는 조치로 보인다. 어릴 때의 이름을 사후의 지석에 기록하는 것은 관례상 합당하지 않기 때문이다.

더구나 성씨조차 붙이지 않고 이름만을 왕 앞에 붙이는 것은 있을 수 없는 일로 판단된다.

지석은 발견 후 일정 시점까지 무덤으로 보이게 하면서도, 관례에 어긋나게 해서 의문을 제기하도록 배치한 것으로 보인다.

한편 지석의 기록으로 『삼국사기』의 오류를 수정할 수 있었다 한다.[17]

"이 기록을 통해 무령왕이 선왕인 동성왕보다 나이가 많음이 밝혀졌고, 그를 동성왕의 둘째 아들이라고 기록한 『삼국사기』의 오류를 수정할 수 있었다."

지석은 사망 당시에 기록한 것이므로 사실에 가장 가깝다. 그러므로 『삼국사기』의 기록이 오류라고 수긍할 수 있다.

그러나 『삼국사기』와 다른 나이 또한 의문을 제기하게 하기 위한 것으로 추정할 수도 있다. 따라서 지석의 내용을 근거로 『삼국사기』의 기록을 오류라고 단정하기 어렵다.

『삼국사기』가 중국 측 사료를 사대주의에 입각해 선택적으로 기술하는 등 매우 부실하다 하나, 이런 사실까지 틀려서는 역사서라 하기 어렵다.

따라서 지석 배치의 의미와 무령왕릉인가의 여부를, 새로운 관점에서 바라봐야 할 것이다.

---

17 이한상, "50년을 이은 교훈, 백제 무령왕릉 발굴의 비밀" 동아일보, 2021년 3월 2일, https://www.donga.com/news/Opinion/article/all/20210302/105669024/1

2) 바위 표면에 다른 물질을 입힌 증거

다른 고분에서는 볼 수 없는 지석을 이런 목적으로만 배치했을까?

어찌 보면 경주 황남대총 같은 거대한 무덤에 지석이 없는 것이 오히려 더 큰 의문일 수 있다. 무덤방이 별도로 설치돼 있지 않아서 목관을 사용했다는 무리한 추정을 하게 되었지만, 무덤방이 없어 지석을 배치하지 않은 것은 아닐 것이다. 그리고 지석이 아닌 다른 방식으로 무덤의 주인을 알릴 방법은 많다. 비석은 물론이고 유물에 이름을 새기면 된다.

다른 지역의 많은 고분들도 마찬가지여서, 무덤 주인을 알리는 이름이 없는 것은 무덤이 아님을 증명하는 결정적 사안이다.
무덤이 아니므로 피장자의 이름이 없다는 결론이다.

집자리 유적이나 고인돌은 유물을 보존하고 전할 수 있으나, 의도적으로 조성해 놓았음을 완전하게 입증하기 어려운 점이 있다.
반면 무덤 형식을 띤 고분은 무덤이 아닌 것이 밝혀지면, 의도적으로 조성해 놓은 것이 명약관화해진다.

무령왕릉의 지석은 무덤처럼 보이게 하면서도, 기록된 내용을 통해 무덤인 지에 의문을 제기하는 중요한 목적이 있는 것으로 보인다.

한편 이것이 지석을 배치한 목적의 전부는 아니며, 더 중요한 이유가 있는 듯하다. 이에 대해 살펴보자.

지석은 함께 출토된 석수와 같은 암질로 흔히 곱돌로 알려진 각섬석암이다.
지석의 모습을 보자.

왕의 지석이다.

앞면에는 왕에 대한 내용이 적혀 있다. 뒷면에는 간지도가 새겨져 있다.

앞면   뒷면

왕비의 지석이다.

앞면에는 왕의 지석과 함께 배치한 매지권이 새겨져 있다.

이후 왕비가 사망하자 뒷면에 왕비에 대한 내용을 적었다. 따라서 매지권이 앞면으로 놓여 있었고, 왕비의 글은 뒷면이 된다.

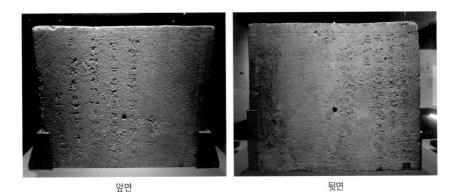

앞면   뒷면

두 지석 모두 앞면과 뒷면의 색감이 다르다. 앞면은 원석의 색감 그대로 인데, 뒷면 간지도와 왕비의 글을 새긴 면은 황토색이 넓게 나타나 있다.

같은 바위를 얇게 다듬은 앞뒷면이므로 색상이 다를 수 없는데, 두 지석 모두 색상이 다른 이유는 무엇일까?

뒷면이 전돌바닥에 밀착해 있었는데, 이 때문에 색상이 변한 것일까. 그러나 전돌바닥에 맞닿은 상태로 오랜 시간이 지난다 해서 돌의 색상이 변할 이유는 없어 보인다. 이는 왕의 지석 앞면과 왕비 지석 앞면에도 약하게 유사한 색상이 나타나 있는 것에서도 알 수 있다.

그리고 뒤에서 살펴볼 지석과 같은 원석으로 만든 석수에도 유사한 황토색 물질이 나타나 있는데, 석수는 바닥에 밀착해 있지 않으므로 바닥에 밀착해 있었기 때문에 황토색으로 변한 것으로 볼 수 없다.

왕의 지석 뒷면을 보자.

각섬석암 표면에 황토색 알갱이가 알알이 붙어 있거나, 알갱이가 밀집해 표면을 덮고 있다. 각섬석암 자체의 색감이 변한 것이 아니라 황토색 물질에 덮인 모습이다.

왕비의 지석을 자세히 살펴보자.

황토색 표면이 매우 거친데, 덕지덕지 황토색 물질이 덮고 있는 모습이다.

황토색 물질이 형태를 이루거나 분리되어 작은 원형을 이루고 있다.

황토색 물질을 인위적으로 입히지 않고서는 나타날 수 없는 현상이다.

지석은 글을 새기기 위해 인위적으로 조성했으므로 표면에 나타난 현상도 모두 인위적으로 보는 것이 우선이다.

다른 요인으로 설명하려면 그 과정을 구체적으로 제시해야 할 것이다.

황토색 물질이 인위적으로 입혀졌음을 증명할 수는 없을까?

황토색 물질이 인위적으로 입혀졌음은 선과 글자를 덮고 있는 모습에서 확인
할 수 있다(『고분미술』).

원형의 황토색 물질이 선을 정확히 덮은 경우도 있다.

이는 선과 글자가 새겨진 이후 황토색 물질에 덮였음을 나타낸다.

황토색 둥근 덩어리가 글자의 획을 덮고 있다.

글자 전체를 황토색 물질이 덮었다.

왕의 지석 앞면에도 황토색 덩어리가 나타나 있고, 선을 덮고 있다.
앞면이므로 바닥과 밀착해서 황토색 물질이 생성되지 않았음이 증명된다.

선과 글자 위에 입혀진 황토색 물질은 이 물질이 글을 새기기 전의 지석 표면
에 존재하지 않았음을 의미한다. 선과 글을 새긴 이후 덮게 된 것인데, 자연적
요인으로 나타날 수 없는 현상이다. 조성된 이후 지난 시간이 그리 오래되지 않
아서 무작정 시간에 기대어 설명할 수도 없다.

표면 전체를 고르게 덮지 않고, 원형의 덩어리를 이루며, 선과 글자 획의 일부
만을 덮기도 해서, 인위적으로 입힌 것이 확실해 보인다.

지석은 각섬석암 표면에 황토색 물질을 인위적으로 입히고, 이를 증명할 수
있도록 조성해 놓은 것으로 추정된다.

이처럼 바위 표면에 다른 물질이 입혀진 것을 돌검 유물에서도 확인할 수 있어 그 맥이 이어진 것으로 보인다.

담양 제월리유적의 돌검이다. 해설문을 보자(전남대학교박물관).

"검신이 매우 짧은 것이 특징적인데, 봉부가 제대로 형성되어 있는 것을 보면 깨진 것도 아니다. 그리고 검신과 병부의 색상이 크게 다른데, 병부의 깨진 면에 드러난 암질이 검은색인 것으로 보아 어떤 이유에선가 병부 쪽이 심하게 풍화되면서 생긴 현상으로 추정된다."

검은 원석이 풍화되어 색이 변했다고 설명한다. 그러나 왜 손잡이 부분만 풍화되었는지, 그리고 풍화되는 구체적 요인과 과정이 설명되지 않는다.

손잡이 부분에 진한 황토색 물질을 인위적으로 입혔음을 유사한 색감의 물질이 입혀진 지석이 증명한다.

다음 돌검의 깨진 곳에 드러난 원석은 제월리 돌검처럼 검은색이다(『명지대박
도록』).

검은색의 원석 표면에 황토색의 물질이 얕게 입혀진 모습이다.

검은색의 원석을 갈아서 제작한 돌검은 당연히 검은색이어야 한다.

"검은색이 풍화로 밝은 황토색으로 변했다."라는 설명은 나타난 현상을 자연
적 요인만으로 설명하려 하니 발생한 오류로 보인다.

항아리에 유약을 도포하듯이 황토색 물질을 입혔음이 분명하다.

돌검을 제작한 청동기시대의 계보가 고분을 제작한 시기까지 이어진 듯하다.
또는 고분으로 알려진 유적이 삼국시대의 무덤이 아니라 더 이전 시기에 조성되
었을 수도 있다.

풍화로 검은색 원석의 돌검 표면이 황토색으로 변했다면, 풍화 과정에 있는, 즉 풍화가 진행 중인 돌검도 다수 존재해야 한다.

이 경우 어두운 색감 일부에만 또는 부분부분 황토색 물질이 입혀져 있는 상태일 것이다. 이런 중간 단계의 돌검이 없으므로 풍화 때문은 아닌 것이 증명된다.

원석은 어두운 색감인데 표면은 황토색인 돌검은 풍화로 나타나지 않았음이 명백하다. 돌검은 인위적으로 갈아서 제작한 것이므로, 색감의 변화를 자연적 요인으로 설명할 수 없다면 인위적인 현상으로 보는 것이 타당하다.

검은색 원석이면서 표면은 황토색인 돌검은 황토색 색감의 물질을 인위적으로 입히지 않고서는 나타날 수 없는 현상이다.

돌검 표면에 다른 색감의 물질을 입힐 수 있었으므로, 그 맥이 고분의 지석에까지 이어져 각섬석암 표면에 황토색 물질을 입힌 것으로 볼 수 있다.

무령왕릉의 지석은 바위 표면에 다른 물질을 입힐 수 있었으며, 실제로 입혔음을 증명하기 위해 배치한 것으로 보인다.

그동안 고인돌과 석재 유물에서 숱하게 표면이 다른 물질로 입혀졌을 것으로 추정했지만 결정적 증거가 부족했다.

그런데 이제 무령왕릉의 지석에서 명백하게 확인되었다고 판단된다.

왕비의 지석 좌측에 황토색보다 더 진한 녹슨 듯한 색감이 나타나 있다.

황토색 색감이 입혀졌음을 감안하면, 각섬석암의 색감과 다른 이 색감도 녹슨 듯한 색감의 물질을 입혀 나타난 것으로 추정할 수 있다.

이곳에 나타난 포획된 돌은 다른 물질이 입혀진 분명한 증거다.

매끈하게 다듬으면서 이런 돌을 남겨둘 리 없다.

녹슨 듯한 물질을 입힐 때 의도적으로 포획했음이 분명하다.

경북대학교 박물관에 옮겨져 있는 대구 상인동고인돌에도 유사한 현상이 나타나 있다.

녹슨 듯한 물질이 돌을 포획하고 있어 무령왕릉의 지석과 동일하다.

상인동고인돌 표면에 녹슨 듯한 물질이 둥근 원을 그리고 있다.

이에 대해 녹슨 파이프가 닿아서 생겨난 것으로 추정하는 듯하다.

그러나 이 원이 녹슨 파이프가 닿아서 생긴 현상이 아님은 자석을 대보면 금방 확인할 수 있다.

쇠가 녹슨 것이라면 자석이 붙을 것이나, 붙지 않았다.

자연적으로 이처럼 둥근 원이 나타날 수 없으므로, 인위적으로 입혔음이 명백하다.

이는 무령왕릉 지석에 나타난 유사한 색감의 물질도 인위적으로 입혔음을 증언한다.

4. 석수

무덤방 입구에 석수가 놓여 있는데 지석과 같은 각섬석암 재질이다.

발견 당시 우측 뒷다리가 부러져 있었다 한다. 그런데도 쓰러지지 않고 반듯하게 선 상태였다.
이는 조성된 이후 지진 등의 충격이 크게 없었음을 의미한다.

따라서 심하게 흐트러진 채 발견된 유물 또한 자연적인 충격에 의한 것으로 볼 수 없다. 의도적으로 흐트러지게 배치해 놓았다는 추정 외 다른 설명이 불가하다.
석수의 다리를 부러뜨려 놓음으로써 이런 사실을 증명하고 있다.

그런데 연두빛이 도는 각섬석암 표면 곳곳에 황토색 물질이 나타나 있다.

다리 부분에 짙은 황토색 물질이 나타나 있다.

각섬석암 표면에 자연적으로 황토색 색감이 나타나지는 않았을 것이다.지석
과 유사하게 황토색 물질이 입혀진 것으로 보인다.

참고로 인근의 부여 군수리 석조여래좌상이 같은 각섬석암 재질인데, 전체적
으로 동일한 색상을 나타낸다.

연두색 색감의 왼쪽 엉덩이 부분에 그어진 선을 보면 표면에 어떤 작업을 하고 있음을 잘 알 수 있다.

선이 인물상의 머리카락 부분을 이룬다.

우측 엉덩이 부분을 보자.

짙은 황토색 물질이 빈틈없이 입혀져 있다. 이곳에 많은 선이 나타나 있다. 선
은 꼬리 부분에도 보인다.

그런데 선이 돌출해 있다. 좌측 엉덩이 부분의 파인 선과 대비된다.

다른 방향에서 보면 선이 조형적 형태를 나타내고 있다.

인위적으로 조성했음이 명백하다.

큰 돌을 다듬어 매끈하게 다듬은 곳에 나타난 돌출된 선이 자연적일 리 없다.

좌측 엉덩이 부분에 파인 선을 긋고, 우측에는 돌출된 선을 나타내 양자를 대비시키고 있다. 파인 선이 인위적이듯 돌출된 선 또한 인위적임을 강조하려는 듯하다.

황토색 물질을 입히며 선을 돌출하게 했음이 명백하다.

지석에도 유사한 선이 보인다.

왕비 지석의 녹슨 듯한 색감의 물질이 작은 돌을 포획하고 있는 윗부분에 돌출된 선이 나타나 있다. 글을 새기기 위해 표면을 매끈하게 다듬었으므로 돌이 돌출되거나 돌출된 선이 나타날 수 없다.

지석에 나타난 녹슨 듯한 색감이 다른 물질을 입혔기 때문임을 앞에서 설명했다. 석수에서와 마찬가지로 물질을 입히며 선을 돌출하게 했음이 잘 드러난다.

함께 발굴된 청자항아리에도 돌출된 선이 나타나 있다.

유약을 입힌 항아리인데, 이렇게 돌출된 선들이 나타나면 실패작으로 폐기할 것이다. 그런데 귀중품만을 부장할 곳에 이런 물품을 넣을 리 없어서, 매장한 자체가 이유가 있음을 내포한다.

석수와 지석의 돌출된 선과 대비시키기 위함이 분명하다.

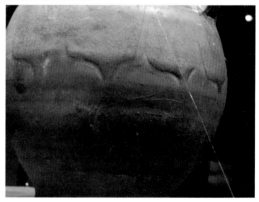

함께 출토된 석수와 지석, 그리고 청자항아리에 까지 돌출된 선이 나타나 있다. 의도적 현상임이 자명하다.

석수와 지석에 황토색 물질이 입혀졌음이 분명하다.

석수와 지석의 바위에 다른 색감의 물질을 입힐 수 있었다면, 다른 바위에도 색감을 입힐 수 있었음은 자명해진다.

석수의 우측 엉덩이쪽 표면이 입혀진 부분에 나타난 형상을 살펴보자.

돌출된 선이 인물상을 나타낸다.
전체적인 형태가 윤곽선을 이루고, 선과 홈이 눈을 표시한다.

위쪽 부분만으로도 인물상을 나타낸다.

인물상을 중첩해 표현하는 것은 생명형상 표현법의 보편적인 방식이다.

돌출된 선을 이용해 구현해 놓았다.

짧은 선으로 입을 표시했다.

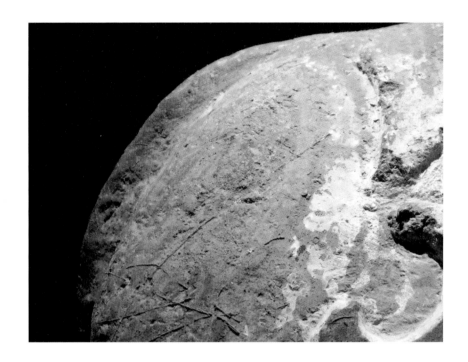

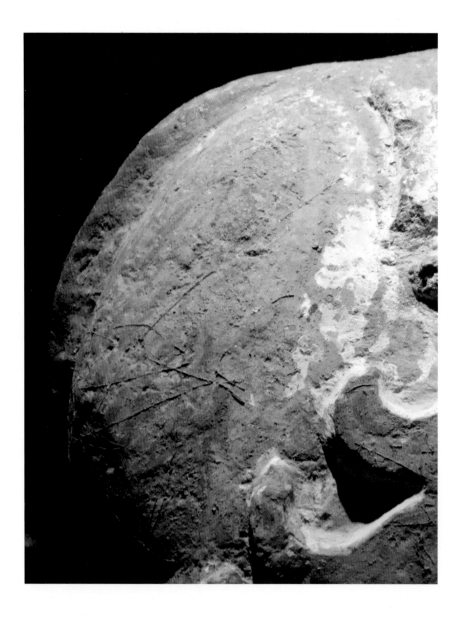

아랫부분 선이 나타난 지점을 거꾸로 보아도 형상이 나타난다.
아랫부분 선의 모습이다.

위의 지점을 거꾸로 보면 다음의 형상이 나타난다.

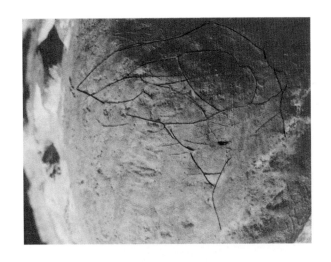

위 형상은 다음과 같이 보일 수도 있다.

양 눈과 입을 공유하는 좌우측의 형상이 중첩해 있는 형국이다.

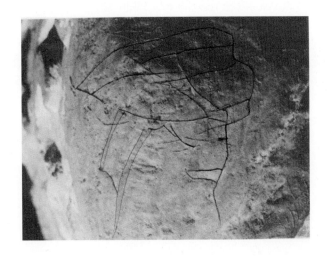

정면뿐만 아니라 역방향으로도 인물상을 표현하고 있다.

정면뿐만 아니라 다양한 방향으로 형상을 표현하는 것은 생명형상 표현법의 중요한 특징 중 하나다.

다음은 의도한 형상인지 확정할 수 없지만 참고로 살펴보자.
다른 방향에서 보면 문양들이 형상을 나타낸다.

5. 유물의 사람형상

장식용 금모를 보자(공주박물관)(『고분미술』).

원형이 눈과 입을 표시하는 사람형상이 뚜렷하다.

위 형상의 입이 아래 형상의 우측 눈을 이루는 형상이 중첩해 있다.

공주박물관에 복원된 금동신발이 전시되어 있다.

안내판에 의하면 왕의 금동신발은 모양 확인이 불가능한 상태로 흩어져 발견
되었다.

유물 조사과정에서 확인된 작은 편들로 원래 모습을 복원했다 한다.

왕비의 금동신발은 뒤꿈치가 부서져 없어진 채 발견되었다.

청동거울이 온전하게 남아 있음을 감안하면 유사한 재질의 왕과 왕비의 금동
신발은 온전한 상태로 부장된 것이 아니라 발견된 상태대로 부장된 것으로 추
정된다.

부장된 형태 자체가 의문을 제기한다.

전시된 금동신발은 세부적인 사진을 찍기 어려웠는데, 공주박물관 도록에 선
명한 사진이 실려 있다.

이 중 왕비의 금동신발을 살펴보자.

"육각무늬를 맞새김하고 그 안에 봉황무늬 등을 새겼다."(안내판)

그러나 이들 무늬 외에도 이들 무늬를 활용해 다수의 사람형상을 중첩해 표현하고 있는 것으로 보인다.

그중에서 뚜렷하다고 생각되는 몇 가지를 살펴보기로 하자.

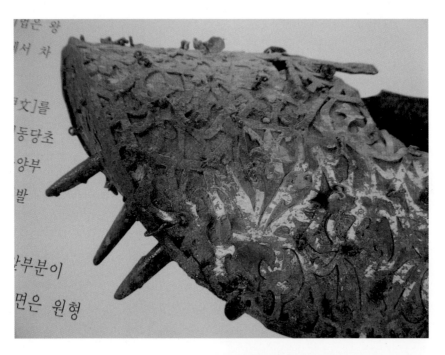

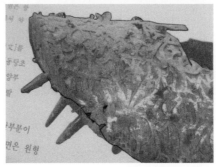

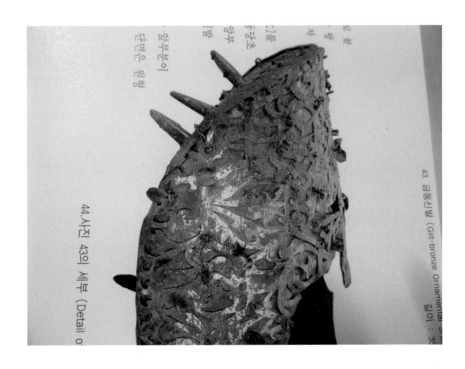

43. 금동신발 (Gilt-bronze Ornamental Sho 길이 : 3

44.사진 43의 세부 (Detail o

44.사진 43의 세부 (Detail o

155

왕비의 금동신발은 뒤꿈치 부분이 부서져 없어진 상태다.
사라진 뒤축 앞부분이 인물상을 나타낸다.

금동신발은 신발 형식을 빌어 형상을 표현한 예술품으로 보인다.

금동의 배치가 무늬를 나타내는 동시에, 다수의 사람형상을 중첩해서 새기는
예술품으로 제작해 놓은 것으로 판단된다.

동탁은잔이다(『고분미술』).

연꽃무늬 등 다양한 무늬가 새겨져 있다.

옆으로 돌리면 무늬가 인물상을 나타낸다.

위 형상 안에 작은 형상이 중첩해 있다.

전작에서 암각화의 무늬나 문양, 형상이 인물상을 표현하는 기능을 하는 것을 살펴보았다. 동일한 방식으로 보인다.

6. 회화 인물상

왕의 목재 베개와 발받침이다(공주박물관).

옻칠을 했는데, 크게 변하지 않고 그대로 유지된 모습이다.

왕비의 베개와 발받침이다.

옻칠을 하지 않아서인지 왕의 것과 다르게 부분적으로 부식돼 있다.

그림을 그리기 위해 옻칠을 하지 않은 듯하다.

왕비의 발받침이다.

안쪽이 균열돼 있는데 정확히 사각형을 나타내기도 해서 자연적 현상으로 보기 어렵다.

목재여서 변하기 쉬워 의도적 현상인지 불확실하나 참고로 살펴보자.

균열선이 인물상을 나타낸다.

공주박물관 무령왕릉 특별전에 전시된 왕과 왕비의 베개와 발받침을 관람하는데, 주변에서 '불편하겠다'는 이야기가 많이 들려 온다. 말은 하지 않더라도 모두 그렇게 생각할 것이다. 딱딱한 데다, 고정된 틀에 갇히는 느낌이 든다. 실용품은 아닌 것으로 추정된다.

베개와 발받침은 실용품이 아니라 그 형식을 빌어 표면에 그림을 그려놓은 회화 작품으로 판단된다.

왕비의 베개와 발받침에서 표면상 인물상은 유일하게 베개에 1개체 나타나 있는 것처럼 보인다(『고분미술』).

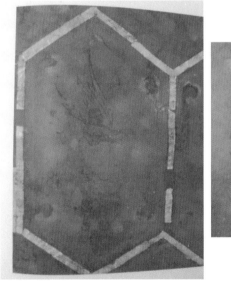
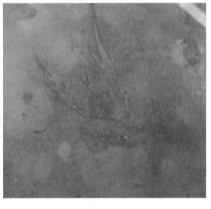

이 인물상과 함께 여러 무늬가 그려져 있는데, 이외에 인물상은 더 없을까?

왕비 발받침의 무늬처럼 보이는 검은 선들이 인물상을 나타낸다.

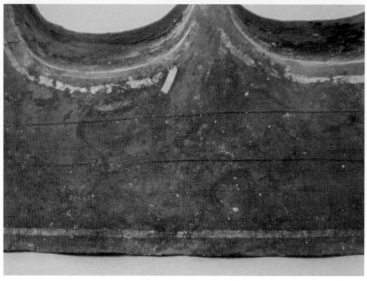

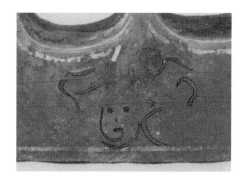

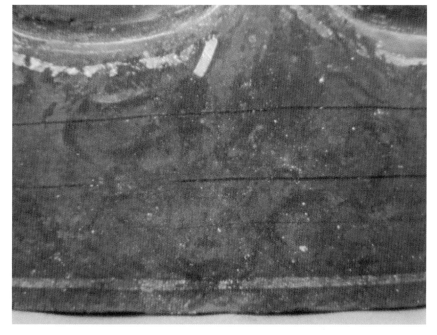

이 그림에 대해 별다른 언급이 없는 것을 보면, 아직까지 발견하지 못한 듯하다. 형상의 존재를 알고 난 이후 보면 비교적 뚜렷해서, 수많은 연구진이 발견하지 못했다면 이상한 일이라 생각할 수 있다.

그러나 필자가 그림을 발견한 이유는, 무늬나 문양으로 보일 뿐이어서, 쉽게 눈에 띄지 않는 형상이 있을 수 있다는 인식하에 접근했기 때문이다. 그렇지 않다면 발견하지 못하는 것은 당연해 보인다.

중앙의 인물상을 중심으로 좌우측 (구름)무늬의 형태가 약간 다르다.

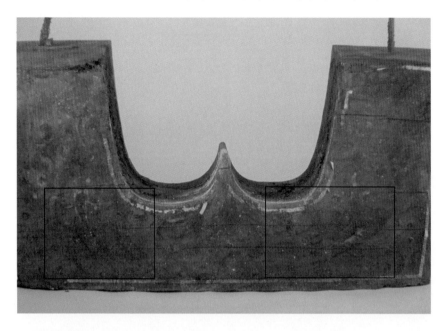

통상 이런 경우 좌우 무늬를 균형적으로 같게 표현하는데, 다른 데는 이유가 있을 것이다.

윤곽선은 없지만, 좌측의 무늬가 인물상을 표현하는 듯하다.

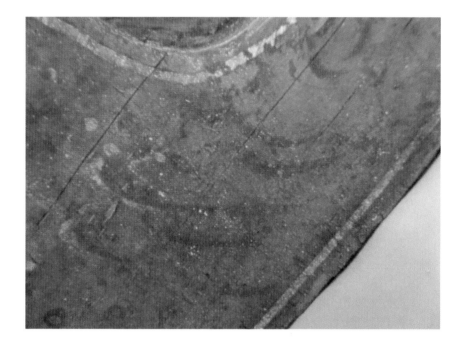

위 왕비 발받침의 반대 면을 보자(공주박물관).

공주박물관 도록 등의 책에 이쪽 면 사진은 실려 있지 않다. 왕비의 발받침의
다른 면이나 베개 양면에는 무늬가 그려져 있지만, 이 면에는 별다른 무늬가 그
려져 있지 않기 때문일 것이다.

그런데 자세히 보면 이 면에도 물감으로 그린 흔적이 남아 있다.

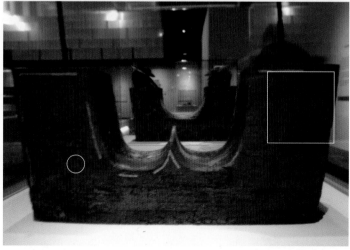

우측 부분 위쪽에 검은색의 짧은 선이나 점들이 다수 나타나 있다.

무늬를 나타내는 것도 아니어서 이 선이나 점들은 더 선명하게 그려진 부분이 사라지며 남은 것으로 보기 쉽다.

그러나 선이나 점들이 인물상의 윤곽선을 이루고 눈과 입을 나타내서, 처음부터 이 상태로 그린 듯하다.

좌우로 인물상이 중첩해 있다.

좌측 부분에 가운데 구멍이 뚫린 둥근 원이 나타나 있는데, 옹이처럼 보인다. 그러나 원이 완전해서 옹이로 보기 어렵다.

정밀한 조사가 필요하겠지만 옹이가 아닌 것으로 판명된다면, 의도적으로 새긴 이유가 궁금해진다.

원이 한눈을 이루어 인물상을 나타내는 것으로 보인다.

7. 문자를 활용한 형상

왕의 지석 한자 사이에 그어진 선에 홈이 파여 있다. 우연이나 실수로 파이기에는 너무 커 보인다.

그런데 홈의 형태가 눈 모양과 유사하다. 이 홈과 한자의 획이 함께 눈을 이루어 인물상을 나타낸다.

年자가 코와 입을 이루고, 주변의 다른 한자들이 윤곽선을 표시한다.

지석의 문자가 나타내는 형상은 생명형상을 새길 당시 한자가 사용되었으며, 문자가 형상을 표현하는 데 활용되었음을 증명한다.

8. 삼국시대의 자기

무령왕릉뿐 아니라, 익산 입점리고분, 서울 석촌동고분 등에서도 청자항아리가 출토되었는데, 모두 중국제라 하며, 교류의 흔적이라 한다. 삼국시대에는 유약을 바른 자기가 제작되지 않았다고 규명돼 있기 때문에, 국내에서 발견되는 삼국시대 자기는 모두 중국에서 온 것으로 설명하는 듯하다.

관련하여 향토문화전자대전에 실린 '삼국시대의 토기'와 '도자기'의 내용을 요약해 보자.

"삼국시대가 되면 토기 가마가 발달함에 따라 소성 온도가 높아져 비교적 단단한 토기가 생산되었다. 도자기처럼 단단한 토기라는 의미로 삼국시대의 토기를 도질토기陶質土器라고 한다.

도자기는 원래 도기와 자기를 합친 것을 의미하지만 도기와 자기는 그 재료나 굽는 온도가 전혀 다르다. 삼국시대의 도기는 유약을 바르지 않았다."

이처럼 삼국시대에는 유약을 바르지 않았고, 도기 단계로 아직 자기는 제작되지 않았다고 규정한다. 따라서 국내에서 발견되는 삼국시대의 유약을 바른 청자나 황남대총에서 출토된 흑갈유병 등을 중국 도자기가 유입된 것으로 설명한다.

그런데 무령왕릉 벽면에 조성된 5개의 감실에는 불을 밝힌 백자 잔이 놓여 있었다. 그 백자 잔에 대해 〈역사저널 그날〉(KBS, 2015년 7월 5일)에 방영된 내용을 보자.

"무령왕 이전에는 중국에서 백자가 발견되지 않으니까…
동아시아 최초의 백자로 추정됨."

중국 땅에서 제작되기 전에 제작된 것이라면 이 백자들은 수입된 것이 아니라 자체적으로 제작되었다고 볼 수밖에 없다.

몇몇 고인돌에서 자기 조각이 발견되었는데, 후대에 들어간 것으로만 볼 수 없는 이유가 된다. 무령왕릉 감실에 놓인 최초의 백자는 고인돌 시대의 맥을 이었을 가능성이 있다.

그런데 공주박물관 안내판의 내용은 이와 다르다. 백자가 아니라 청자로 되어 있다. 백자가 청자가 된 사유를 검토해 보자.

국립중앙박물관에서 1999년에 발간한 『백제』에도 백자라 되어 있다. 그런데 지금은 안내판에 청자로 표기되어 있다.

발견 당시 백자였던 잔이 청자가 된 이유는 자명하다. 당시 한반도에서 백자가 생산될 수 없다는 학설 때문일 것이다. 이 때문에 당시 청자가 생산되던 중국 땅에서 전해진 청자로 바뀐 것이다.

그러나 다시 보아도 백자로 보일 뿐이어서 청자라는 설명은 기존의 이론에 무리하게 맞춘 결과로 보인다.

우리나라 고분에서 발견되는 도자기에 대해 모두 중국 땅에서 왔다고 설명한다. 그런데 고분에서 발견되는 청자의 실체에 대해 의문을 가지게 하는 유물이 있다. 천안 용원리 고분 출토 청자를 보자(『무령왕릉 출토 유물 분석 보고서(Ⅱ)』, 공주박물관 간행).

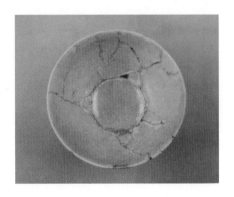

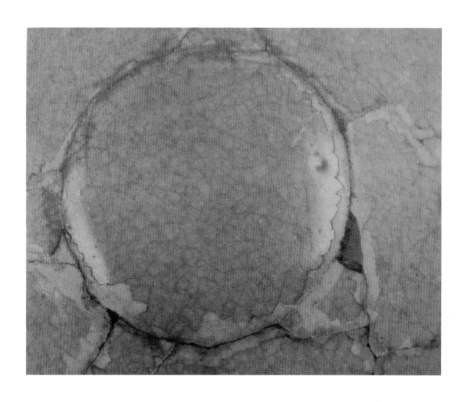

바닥 부분이 둥글게 분리된 것은 인위적이지 않고서는 나타나기 어렵다.

특히 우측 부분은 매우 정교한 원형을 이루고 있어서 자연적인 현상이 아닌 것을 증명한다.

현대의 그라인더 같은 도구를 사용한 것과도 달라서 어떻게 가능한지 의문이다.

이런 청자가 출토된 고분의 실체에 큰 의문이 제기된다.

무령왕릉 출토 흑유병을 보자(공주박물관).

안내판의 설명이다.

　"표면에 흑색 유약을 발랐으나 산화되어 부분적으로 백색이나 암갈색을 띠
고 있다. 가마 안에서 구울 때 열에 의해 모양이 일그러졌으며, 유약도 산화되
어 뿌옇게 변색되었다."

　위쪽 부분은 흑색의 자기가 분명하다. 따라서 아랫부분은 열에 의해 유약이
산화되어 변색된 것이라 설명한다. 그러나 제작 과정에서 발생한 이런 실패작을
유통시킬 리 없다. 더구나 화려한 유물만을 엄선한 왕릉에 부장할 리는 더욱
없다.

　윗부분의 검은 색감이 매우 선명함을 감안하면, 아랫부분에 군데군데라도 검
은 색감이 나타나지 않는 것은 이상하다. 가마 안이므로 한 도자기에 가해지는
열의 온도는 크게 차이나지 않을 것이다. 따라서 열에 의한 변색은 아닐 것이다.

　도자기 표면에 회색의 다른 물질을 입힌 것 외에 다른 설명이 불가해 보인다.
그리고 이를 증명하는 유물로 배치한 듯하다.

옆에서 보면 두 인물상이 코를 맞대고, 마주 보고 있는 듯한 형상이 나타난다.

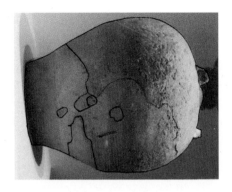

마주보는 듯한 두 인물상은 지석이나 석수에 다른 색감의 물질을 입히듯이, 도자기 표면에 회색 색감의 물질을 입혀 나타나게 한 것으로 보인다.

열에 의해 모양이 일그러지고, 유약도 산화로 변색되어, 실패작으로 보이는 도자기를 배치한 이유가 드러난다.

무령왕릉의 어느 유물 하나 의미 없이 존재하지 않음이 분명하다.

단순한 무덤의 부장품이 아님을 나타낸다.

무령왕릉 백자의 존재를 인정하지 못해서 청자라 했지만, 천안 용원리 청자에서 보듯이, 청자 제작 당시에 과학기술이 발달한 것은 아닌지 의문이 제기된다. 무령왕릉의 흑유병도 마찬가지다.

고분은 기존의 학설과는 전혀 다른 유적임이 분명하다.

무령왕릉의 백자 잔 또한 마찬가지다. 이를 살펴보자.

공주박물관 안내판에 술잔으로 소개된 백자 잔이 있다.

"무령왕릉의 6개의 백자 잔 중 나머지 5점과 출토위치가 다르고 그을음이 없어 술잔으로 사용했던 것으로 추정된다."

술잔으로 소개된 백자 잔이다(『무령왕릉 출토 유물 분석 보고서(II)』).

바닥에 세 홈이 보이는데, 흔히 많은 양을 굽기 위해 쌓은 흔적이라 설명할 것이다. 그러나 이런 홈이면 술잔으로 적합하지 않아 실패작으로 폐기할 것이다. 폐기하지 않은 것은 의도적으로 생성했음을 의미한다.

세 홈이 인물상의 눈과 입을 표현하는 것으로 해석된다.

위 술잔과 다른 위치에서 발견되고, 바닥이 그을린 듯 검어서 등잔으로 사용된 것으로 추정되는 다음 백자 잔의 길쭉한 형태의 두 홈도 눈을 나타내는 것이 분명하다.

아래쪽에 검은 색감을 활용해 보일 듯 말 듯 입을 표시한 듯하다.

백자 잔 바닥의 검은 색감은 등잔으로 사용한 결과, 그을음 때문이라 추정한다. 그리고 타다만 듯한 기름 찌꺼기로 보이는 물질도 보인다.

그러나 무덤 안에 등불을 상징적으로 비치하는 것은 이해가 되나, 타다가 금방 꺼질 등불을 실제로 피웠는지는 의문이다. 내부 공기만 탁해질 것이다.

전작에서 빗살무늬토기, 무문토기의 군데군데 나타난 검은 색감은 불에 굽는 과정에서 생성된 것이 아니라, 검은 색감을 입힌 것일 수 있다고 추정했다. 도자기 바닥의 검은 색감도 같은 것일 수 있다고 추측된다.

만약 이것이 사실이라면 바닥에 뭉쳐 있는 물질은 토기에 검은 색감을 입힐 때 사용한 물질이 된다. 이에 대한 조사가 필요해 보인다.

다음 백자는 하나의 홈이 인물상의 눈을 표시하고, 검은 색감으로 눈과 입을 표시한 것으로 보인다.

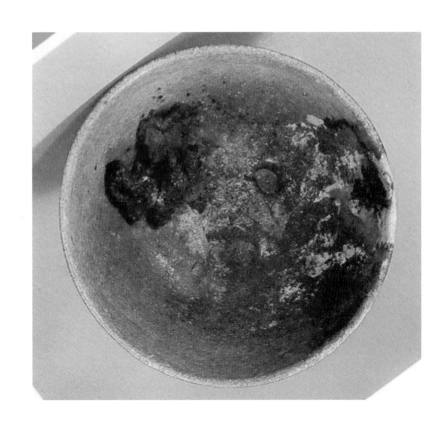

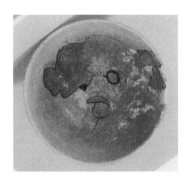

위 형상의 머리카락을 나타내는 검은 색감은 일반적으로 그을린 것보다 매우 검다.

그을린 자국이 아니라 각종 고대 토기에 나타나는 검은 색감과 같은 성분이 아닐까 추측된다.

전작에서 빗살무늬토기, 무문토기의 군데군데 나타난 검은 색감은 불에 굽는 과정에서 생성된 것이 아니라, 검은 색감을 입힌 것일 수 있다고 추정했다. 이제 점차 그 검은 물질의 존재가 드러나는 것일 수 있다.

그렇다면 이는 무령왕릉에 백자 잔을 배치한 중요한 이유 중 하나가 될 것이다.

무령왕릉의 백자는 고분 조성 당시의 문명에 큰 의문을 제기한다.

무령왕릉의 지석과 석수처럼 바위 표면에 다른 물질을 입힐 수 있으려면 상당한 과학문명을 전제하지 않고서는 설명이 불가하다.

도자기의 최초 제작도 고도의 문명을 전제해야 가능할 것으로 보인다.

중세 유럽은 중국에서 도자기를 수입했는데, 큰 것은 1개가 집 한 채에 해당할 정도로 고가로 거래되었다 한다.

따라서 자체적으로 제작하기 위해 많은 노력을 기울였으나 제작방법을 터득할 수 없었다고 한다.

국립중앙박물관에 게시된 내용을 보자.

"동서 문물의 교류, 자기 시장의 흐름을 바꾸다.

16~18세기 유럽에 들어온 막대한 물량의 동양 자기는 결과적으로 유럽이 자체적으로 자기를 생산하고 고급화·산업화하는 데 중요한 원동력이 되었다.

그러나 아시아는 자기 생산 경쟁력에 큰 타격을 입었고, 결국 세계 자기 생산의 중심이 아시아에서 유럽으로 옮겨 가게 되었다."

일단 제작방법을 터득한 이후에는 전승으로 계승되던 동양과 달리 온갖 실험을 통해 기술을 발전시켜 이런 결과를 가져온 것이다.

이처럼 기술을 향상시킬 조건을 갖추었지만, 유럽은 많은 노력에도 불구하고 오랫동안 그 제작기법을 알아내지 못했다. 중국에서 제작기법이 새나가지 않도록 철저히 단속했기 때문이기도 하다.

이처럼 실물 도자기를 눈앞에서 보면서도 오랜 기간 재현해내지 못한 데에서 알 수 있듯이, 어떤 종류의 흙을, 매우 고온으로 구우면, 돌처럼 단단해진다는 사실을 맨 처음 알아내는 일은 우연으로 가능하지 않을 것으로 생각된다.

추측해 보면 도자기는 중국에서 처음 시작된 것이 아니라, 국내에서 먼저 제작되었을 것이다. 무령왕릉의 백자가 이를 증명한다. 고인돌 문명의 유산으로 국내에서 제작되다가, 어떤 이유로 문명과 함께 그 맥이 끊긴 듯하다.

이후 중국 땅에서 다시 제작되기 시작한 것으로 추정되는데, 제작방법에 대한 전수가 있었을 것으로 추측된다.

이 과정에 어떤 의도가 담겨 있을 듯한데, 지금으로서는 알기 어렵다.

9. 무령왕릉과 왕릉원의 의미

무령왕릉을 봉분이 있는 다른 능들이 에워싸고 있는데, 무령왕릉이 무덤이 아니라면 이들의 실체도 궁금하다.

마치 일인의 만행을 예상하고 대비를 한 듯하다. 봉분이 있는 많은 고분이 일인에 의해 도굴되거나 발굴이라는 미명하에 유물들이 반출되었다. 이후에도 여기에서 배워 도굴이 계속되었지만, 중요한 무덤들이 무덤이 아닌 듯 숨겨져 있다가 발견되고 있다. 결과적으로 대비가 있었다고 판단할 수밖에 없다.

무령왕릉 발굴 전에 공주분관장의 꿈에 석수가 나타났다 한다.

발굴과정에 대한 기사를 보자.[18]

"1971년 7월 4일 밤 김영배 국립박물관 공주분관장은 기이한 꿈을 꾸었다. 돼지인지 해태인지 모를 괴상하게 생긴 짐승이 자신에게 달려드는 꿈이었다."

"김원룡 단장과 김영배 분관장이 맨 위쪽 벽돌 두 장을 빼내자 하얀 수증기가 뿜어져 나왔다."

"오후 4시 15분 어두컴컴한 무덤 안을 손전등으로 비추던 김 분관장은 소스라치게 놀랐다. 꿈에서 본 그 짐승이 서 있는 것이 아닌가."

과학적 발굴과 분석을 하려는 고고학자들도 이런 이유가 더해져 발굴 전에 개토제 의식을 더 정성껏 하는 듯하다. 석수가 달려들었다는데, 태몽과 유사해서 애를 갖듯이 발굴을 담당하게 된 듯하다.

석수는 무덤을 지키는 역할을 하므로, 그 석수가 태몽처럼 달려들었다면, 공격의 의미가 아니라, 발굴을 허용하는 의미가 담겼을 수 있다.

---

18 허윤희, "꿈에서 본 동물이 왕릉 앞에…그날 백제의 꺼져 가던 맥박이 다시 뛰기 시작했다" 조선일보, 2021년 10월 9일, https://www.chosun.com/national/weekend/2021/10/09/7YZY6AQ6NBG DHHJEI4344QSRWI/

뿜어져 나온 수증기에 대한 다른 기사의 설명을 보자.[19]

"무덤 입구를 막은 벽돌 두 장을 들어내자 갑자기 쐬아 하는 소리를 내며 하얀 수증기가 뿜어져 나왔답니다. (중략)

이 수증기는 천수백년 묵은 안 공기가 바깥의 따뜻한 공기와 만나면서 일어나는 결로현상이었습니다."

'쐬아' 하며 하얀 수증기가 뿜어져 나왔는데, 단순한 온도 차이에 의한 결로현상일까? 냉장고의 냉동칸을 따뜻한 실내에서 열어도 수증기가 뿜어져 나오지 않는다. '쐬아' 하며 뿜어져 나왔다면 기압의 차이가 있었을 것이다. 단순한 온도 차이에 의한 결로현상은 아닌 것으로 보인다.

무덤 안에 목재가 덮여 있어 급하게 발굴하는 과정에서 목재를 밟고 건너편으로 건너갔는데 목재가 부러지지 않았다 한다. 외형적으로도 크게 부식되지 않은 것 같다.

무덤 안은 전돌바닥 틈새로 빽빽이 비집고 나온 잔뿌리에 유물들이 뒤엉켜 있었다 하므로, 내부에 습기가 존재했을 것이다. 오래 보존되는 종류의 목재라 해도, 습기가 존재하는 환경에서 오랜 기간 바닥에 쌓여 있었는데, 썩지 않고 보존된 것은 보존을 위한 어떤 조치가 있었을 가능성이 크다.

과자 봉지에 질소 가스를 넣어 상하지 않게 하듯이, 내부에 유물을 보존할 수 있도록 어떤 가스를 주입해 놓은 것은 아닐까.

이는 경주 황남대총에서 검은색의 끈적끈적한 물질이 유물을 덮고 있었던 것과 방식은 다르지만, 유물을 보존하려 한 점은 일치한다고 할 수 있다.

---

19 이기환 기자, "하룻밤 사이에 수습한 무령왕릉…왜 최악의 졸속 발굴이었나," 이기환 기자의 흔적의 역사, 2021년 4월 2일, https://leekihwan.khan.kr/entry/하룻밤-사이에-수습한-무령왕릉…왜-최악의-졸속발굴이었나

　무령왕릉 옆의 6호분은 도굴하듯이 발굴한 일본인 가루베에 의해 유물이 모두 반출되었다 한다. 유물이 모두 반출된 결과로 고분의 실체에 대한 모든 실마리가 사라진 것은 아닐 것이다.

　유물은 남아 있지 않지만, 무덤방 자체에 실마리가 남겨져 있을 수도 있다. 특히 6호분 벽에는 사신도 벽화가 그려져 있다.

　전시관에 6호분 사신도 사진이 게시되어 있다.

　좌청룡과 우백호는 비교적 뚜렷한데, 남쪽의 주작과 북쪽을 나타내는 현무는 불분명하다.

　참고로 고구려 강서대묘의 현무 그림을 보자.

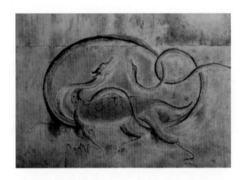

　KBS 〈역사스페셜〉 '무령왕릉 어금니 한 개의 비밀'(2003년 5월 3일 방송)에서는 6호분의 현무 그림을 다음과 같이 나타냈다.

전시관에 게시된 6호분의 현무 사진을 보자

외곽의 원은 KBS 〈역사스페셜〉의 설명 그림과 유사해 보이는데, 가운데 부분은 부정확하다.

자세하게 살펴보면 현무 그림이 뚜렷한 인물상을 나타내는 듯하다.

등잔을 놓는 감실이 상투를 이룬다. 상투는 예로부터 우리 민족의 상징이다.

감실에 놓인 등잔에 불을 붙였을 것으로 추정하는데, 불은 금방 꺼질 것이다. 영면을 취해야 할 곳에 불을 밝히는 것은 모순이다.

감실이 인물상의 상투를 나타내 생명형상과 관련 있음이 드러났다.

무령왕릉 무덤방 내부에 보존용 가스를 주입하고 밀폐해 놓았을 수 있다.

삼국시대에 이런 일이 가능하리라 상상도 하지 않으므로, 하얀 기체가 쏴아 하고 뿜어져 나왔음에도 단순하게 온도 차이에 의한 결로현상으로 해석했을 것이다.

어떤 현상인지 과학계 관련 전문가들의 규명이 필요해 보인다.

삼국시대 이전에 발달한 과학문명이 있었고, 그 맥이 이어졌을 수 있다.

한편 과학적 탐사로 봉분이 없는 무덤의 흔적도 다수 발견되었다 하므로, 도굴되지 않은 유물이 더 발견될 가능성이 크다.

무령왕릉뿐만 아니라 주변의 고분들은 모두 무덤이 아닌 듯하다.

유물을 보존해 후대에 전하는 유물의 전달 창구로 조성해 놓았음이 분명해졌다고 판단된다.

4장 고분과 인골

1. 고분 인골의 의문점

고분에서 인골이 발견되므로 앞에서 분석한 내용들을 고려하더라도 여전히 무덤임을 부정하기 어렵다. 따라서 인골의 의미에 대해 살펴볼 필요가 있다.

KBS 〈역사스페셜〉 '무령왕릉 발굴, 어금니 한 개의 비밀'(2003년 5월 3일 방송)에서 관련된 내용을 요약해 보자.

[무령왕릉에서 어금니 한 개가 발견되었다. 무덤 속에 남겨진 유일한 유골이었다. 치아를 보러 외국에서 학자들이 찾아오기도 한다. 무덤 속에서 이렇게 치아가 하나만 나오는 경우가 없기 때문이다. 서울대 치대 구강해부학 이승표 교수는 이에 대해 다음과 같이 추정한다.]

"치아는 가장 오래 남는다. 치아는 같은 성분으로 돼 있다. 그래서 남을 경우 여러 개가 같이 남게 된다. 그중에서도 법랑질이 가장 오래 남는다. 아마 다른 치아도 남아 있었을 가능성이 높은데, 인위적인 힘으로 손상되어 있는 것이 아닐까."

앞에서 공주 수촌리고분의 금동신발에 들어 있던 뼈에 대해 '신발을 신겨 매장한 것'이라는 설명에 의문을 제기했다. 그런데 수촌리고분에서는 이 발뼈 외에 다른 뼈나 치아가 발견되지 않았다.

유사하게 고창 봉덕리고분에서도 금동신발 속에 뼈조각이 들어 있었는데, 다른 뼈나 치아는 남아 있지 않았다. 치아가 가장 오래 남는다는 설명에 따르면 치아가 남아 있지 않은 것은 의문이다.

나주 정촌고분 출토 금동신발 안에서도 뼈가 나왔다.

그런데 출토 위치가 특이하다.

금동신발을 신은 채 매장했다고 볼 수 없는 위치다.

바위 사이에 놓인 두 신발은 신은 채 매장한 것이 아님을 증언한다.

그렇다면 뼈가 들어 있는 현상을 어떻게 설명할까.

무덤이어서가 아니라 '의도적으로 뼈를 배치한 것' 이외의 설명이 불가해 보인다.

앞에서 살펴본 공주 수촌리고분에서 금동신발 안에 돌멩이로 고정된 뼈는 발뼈가 아니었다. 모두 의도적으로 뼈를 배치했음이 분명하다.

뼈의 존재가 무덤임을 증명할 수 없는 것이다.

정촌고분이 무덤이 아닐 가능성은 금동신발 안에서 발뼈와 함께 파리 번데기 껍질이 발견된 것에서도 알 수 있다. 관련 기사를 보자.[20]

"정촌고분의 금동신발 안에 발뼈와 파리 번데기 껍질이 보인다.
이 파리 번데기의 껍질 형태와 크기 등을 분석해 보니 검정파리과라는 것이 확인됐다."

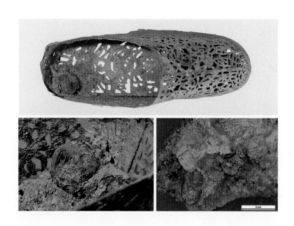

단단한 뼈가 모두 부식돼 사라지는 동안 상대적으로 약한 발뼈와 파리 번데기 껍질이 남아 있는 것은 상식적이지 않다. 뼈도 아닌 말랑한 파리 번데기 껍질이 남아 있는 것은 시신이 부식돼 사라진 것이 아니라 애초에 없었음을 의미한다.

금동신발에 발뼈과 파리 번데기를 배치한 것은 무덤이 아님을 알 수 있도록 조치를 취해 놓은 것으로 판단된다.

고분에서 발견되는 뼈는 무덤이 아닐 수 있다는 여러 가지 분석을 무력화시킨다.
그러나 이제는 반대로 인골의 존재가 무덤이 아님을 증명하는 물증임이 드러나고 있다.

---

20 이기환, "파리 번데기와 묻힌 40대 여성…그녀는 1,500년 전 영산강 유역의 지도자였다" 경향신문, 2019년 10월 10일, https://m.khan.co.kr/culture/culture-general/article/201910100920001

2. 함께 출토되는 다른 뼈의 의미

1) 동물·새·어류의 뼈

고분에서는 인골과 함께 다른 동물이나 새, 어류의 뼈도 발견된다. 이에 대해 제사의 흔적이거나 생전에 좋아한 음식이라는 설명이 있다.

그러나 무덤이 아니라는 관점에서 보면 다른 중요한 이유가 있는 듯하다.

관련 기사를 보자.[21]

"무령왕릉 무덤 속에 독특한 풍미를 지닌 은어가 함께 묻힌 사실이 최근 밝혀져 학계의 눈길을 끌고 있다. 이런 사실을 밝혀낸 이는 동물고고학자인 서울대 고고미술사학과의 이준정 교수와 김은영 연구원이다.

이들은 1971년 무령왕릉 발굴 당시 묘의 석실 바닥에서 긁어모은 티끌과 흙을 정밀 분석한 결과 은어의 척추뼈 141점과 종류를 알 수 없는 다른 생선 뼈 조각 136점을 확인했다고 밝혔다."

은어

---

21 노형석, "백제 무령왕은 은어를 즐겼을까" 한겨레, 2011년 10월 7일, https://www.hani.co.kr/arti/culture/culture_general/499754.html

어류의 의미를 무령왕릉에서 함께 발견된 동일한 환경조건에 있었던 치아와 관련해 설명해 보자.

은어는 날로 통째로 섭취하기도 한다. 그만큼 뼈가 강하지 않기 때문에 가능한 일이다. 크기도 작은데 식물 잔뿌리가 가득한 바닥에서 흙과 함께 섞여 있었는데도 썩지 않고 발견되었다.

그러므로 동일한 환경조건에서 그보다 훨씬 크고 단단한 인골 및 치아가 모두 부식되어 사라지고 치아 한 조각만 남았다는 것은 설득력이 없다. 따라서 처음부터 인골이 없었다고 해석하는 것이 합리적이다.

이는 "무령왕릉의 목관의 뚜껑과 옆면은 비교적 잘 남았는데, 흔적조차 존재하지 않는 바닥판은 애초에 없었다고 봐야 한다."라는 설명과 유사한 논리다.

하나의 치아는 어떻게 해석해야 할까?

인위적으로 배치해 놓은 것으로 상정해 볼 수 있다. 치아는 나이가 들면 빠지게 되며, 현재도 어린아이의 이가 빠지면 이를 기념으로 보관하기도 한다.
이런 치아를 의도적으로 배치할 수 있으므로 치아의 존재가 사체가 존재했음을 증명하는 것은 아니다.
사체의 잔해로만 치아가 존재할 수 있는 것은 아니라는 의미다.

이런 의미에서 무령왕릉의 치아는 무덤처럼 보이게 하면서도, 고고학적으로 유래가 없는, 단 한 개만을 배치함으로써 무덤이 아님을 증명하는 하나의 장치로 조성해 놓은 것으로 추정된다.

여러 지역의 고분에서 어류의 뼈가 발견되는 것도 같은 이유로 보인다. 관련해서 위 기사의 내용을 더 보자.

"백제 고분인 원주 법천리 4호분에서는 민어, 정어리, 조기, 상어뼈가 나왔고, 마한계인 나주 복암리 3호분에서 멸치, 가자미류가, 고령 지산동 가야고분 8호분에서는 대구와 누치가 확인된 바 있다.
4세기 경주지구 신라 고분 8호분에서는 고등어, 전갱이 뼈가 나오기도 했다.
정치적 유력자의 고대 고분에 한정적으로 어류를 부장하는 경향이 도드라진다는 게 고고학계의 분석이다."

정치적 유력자의 고대 고분에만 한정적으로 어류를 부장한 이유는 단순해 보인다. 그래야 주목을 받고 논의가 되기 때문이다.
이 또한 고분이 철저한 의도하에 조성되었음을 나타낸다.
경주 황남대총에 많은 종류 어류 뼈가 발견되었지만, 유골은 아주 소량만 발견된 것도 같은 이유로 볼 수 있다.
많은 어류 뼈가 온전한데 인골은 거의 없다면, 이는 인골이 부식돼 사라진 것으로 볼 수 없으며, 처음부터 발굴된 상태대로 매장한 것으로 봐야 한다는 것이다.
고령 지산동고분 출토 어류와 동물뼈도 같은 의미로 보인다.
대가야박물관에 게시된 고령 지산동고분 봉분 사이의 탐방로에서 발견된 유물과 전시된 뼈에 대한 설명을 보자.

"탐방로에서 나온 제의용 껴묻거리 항아리와 뚜껑접시 속에는 제사용으로 사용한 꿩과 참돔뼈, 두드럭고둥 등이 담겨 있었다.
꿩은 부위별로 손질한 뒤 항아리에 넣었고, 참돔은 한 마리를 통째로 담았다. 바다 생물인 참돔과 고둥은 소금에 절인 것으로 보인다."

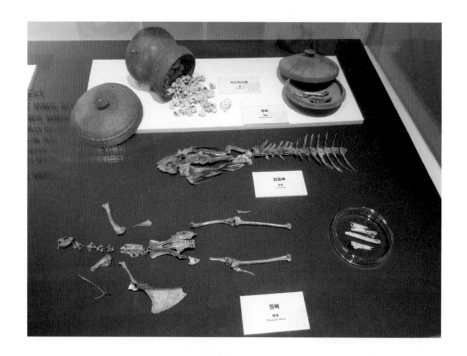

봉분 사이의 탐방로에 굳이 이런 뼈들을 묻은 이유가 있을 것이다.

제의는 아닐 것이다. 제의용이라면 더 많은 장소에서 더 많은 뼈들이 발견되어야 한다.

생생한 꿩과 참돔뼈는 인골과의 대비를 위한 것으로 보인다.

비교하면 유사한 환경과 조건이므로 봉분마다 인골이 남아 있어야 한다.

그러나 그렇지 않은 것은 부식돼 사라졌기 때문이 아님을 증언하는 것이다.

이는 애초에 인골이 매장되지 않아 무덤이 아님을 나타낸다.

2) 순장 유골

유사한 논리로, 순장 유골이 남아 있는데 주곽에 유골이 전혀 없는 경우도 주곽의 유골 자체가 애초에 없었음을 증명하는 것으로 해석된다.

순장 유골이 남아 있는데 주곽의 유골만 흔적도 없이 사라질 수는 없기 때문이다.

이런 측면에서 어류의 뼈나 동물 뼈를 배치하는 것과 순장 유골을 배치하는 것은 같은 이유라고 할 수 있다.

주 무덤에 애초에 피장자가 없었다면, 무덤처럼 보이게 하면서도 한편으로는 무덤이 아님을 알 수 있도록 조성해 놓은 것으로 해석할 수 있다.

창녕 송현동 15호분에서 4구의 순장 인골이 나왔는데, 주인공의 인골은 확인할 수 없었다 한다.

이에 대해 도굴되었기 때문이라 설명한다.[22]

그러나 도굴이 된다 해도 유골을 가져가지는 않으므로 도굴과는 관련이 없을 것이다.

이런 상황에서 4구의 순장 인골은 주곽의 인골이 부식돼 사라지지 않았음을 증명하는 기능을 하게 된다. 즉 처음부터 주곽에 피장자가 매장되지 않았음을 증명하는 기능을 하는 것이다.

결과로 무덤이 아님을 증명한다. 무덤은 주곽의 피장자를 위한 것이므로, 순장자의 수가 아무리 많더라도 무덤은 성립하지 않는다.

---

22 이광표, "가야 유물 3점이 '보물' 된 사연…고분 발굴로 밝혀진 찬란한 가야 문화" 동아일보, 2019년 3월 29일, https://www.donga.com/news/Culture/article/all/20190329/94796630/1

고령 지산동 44호분에서 40인, 45호분에서 12인의 순장 유골이 발견되었다.
그런데 양자에는 차이점이 있는 듯하다. 44호분에서는 무덤의 주인공 유골이
발견되었는데, 45호분에서는 그렇지 않은 것으로 보이기 때문이다.

45호분에 대한 설명을 간추려 보자(한국민족문화대백과사전).

"1호 돌방에서는 관못·꺾쇠의 존재로 보아 주인공은 나무널에 안치되어 있
던 것이 분명하며, 주인공의 머리 부분과 발치의 양 끝에서 금제 귀고리와 유
리제 목걸이를 패용한 동북침의 인골이 각각 발견되었는데. 그 위치로 보아 순
장자로 보인다."

"결국 이 분묘에는 주인공 1인을 위하여 1호 돌방에 2인, 2호 돌방에 1인, 주
변 석곽에 9인(11기의 돌덧널 중 2기는 매장흔적이 없었음), 도합 12인의 순장자가
주인공과 함께 매장된 것이다."

1호 돌방 주인공의 머리 부분과 발치의 양 끝에서 순장자가 보이며, 주인공
은 관못·꺾쇠의 존재로 보아 나무널에 안치되어 있던 것이 분명하다고 설명하
고 있다.
이는 주인공의 유골은 발견되지 않았음을 나타낸다.

같은 공간에서 머리 부분과 발치의 두 순장자의 유골은 남아 있는데, 주인공
의 유골만 치아까지 모두 흔적도 없이 사라질 수 없음은 자명하다. 애초에 주인
공의 사체가 없었음이 명백하다.

창녕 송현동 15호분에서는 주곽에 아예 유골이 없었지만, 지산동 45호분에는
주곽에 2인의 순장자가 매장되었으므로 이런 사실이 더 분명하게 드러난다.

앞에서 살펴봤듯이 관못·꺾쇠 또한 나무널의 잔해가 아니라 의도적으로 배치해 놓은 것으로 추정된다.

주인공의 유골과 함께 더 많은 수의 순장 유골이 발견된 44호분은 45호분이 순장묘로 해석되게 하는 용도로 조성된 듯하다.

이로써 순장 유골은 무덤처럼 보이면서도, 주인공 유골과의 비교를 통해 무덤이 아님을 알아볼 수 있도록 하는 용도로 의도적으로 배치했음이 논증된 듯하다.

동물·새·어류의 뼈와 같은 기능이다.

이를 통해 고대의 고분들이 무덤이 아님이 증명된다.

3. 유골의 사람형상

처음에는 영면을 취한 인골을 대상으로 연구하듯이 살펴보는데 거부감이 있어서, 동물뼈에 형상이 새겨져 있음을 알았지만, 유골에 관심을 두지 않았다. 그러다 다음 인골 사진을 보고 큰 의문이 들었다.

나주 복암리고분전시관에 게시된 나주 영동리고분의 인골 사진을 보자.
아랫니가 너무 고르고 가지런하다. 윗니는 모두 없어서 아랫니와 대비된다.
자연스러운 유골로 보이지 않는다.

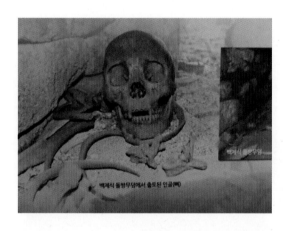

백제식 돌방무덤에서 출토된 인골(뼈)

영동리 고분 석실에서는 여러 기의 생생한 인골이 발견되었다. 이에 반해 비슷한 시기에 조성된 인근의 복암리고분 석실에서는 이런 유골이 발견되지 않았다. 현재 복암리고분전시관에 전시된 유골은 영동리고분의 유골들이다.
이처럼 치아가 너무 가지런해 자연스럽지 않은 인골과, 영동리고분과 인근의 복암리고분과의 큰 차이 때문에 의문이 들었다. 이 때문에 인골 사진을 차츰 살펴보게 되었다.

인골을 의도적으로 매장해 놓은 듯한데, 인골에 나타난 형상은 이를 증명한다. 인골에 나타난 형상을 살펴보자.

1) 치아의 사람형상

무령왕릉에서 발견된 한 개만 남아 있는 어금니를 살펴보자.

뿌리 부분은 다 사라지고, 윗부분 에나멜층만 남았는데, 형태가 정상인과 많이 다르다 한다.[23]

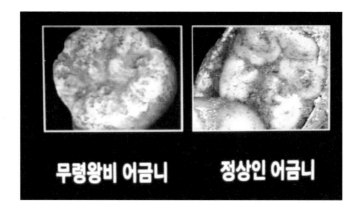

윗면이 인물상을 나타낸다. 인물상을 이루도록 전체의 형태를 다듬었다.

정상인의 어금니와 다른 이유가 분명히 드러난다.

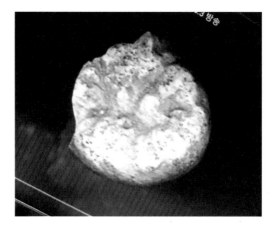

23 KBS, "KBS 역사스페셜―무령왕릉 어금니 한 개의 비밀 / KBS 2003. 5. 3. 방송", KBS 역사저널 그날, 2021. 1. 15., 동영상, 57:16, https://youtu.be/EhaCNfxxlFo

치아의 밑면이다.

윗면에서는 불확실했던 일부가 깨져나간 모습이 잘 나타난다.
반듯한 형태를 나타내서 인위적으로 다듬었음이 분명하다.
자연적으로 치아가 썩는 모습과 판이하다.
유골의 잔해가 남은 것이 아니라 의도적으로 치아 하나를 배치한 것으로 해
석하는 것이 자연스럽다.

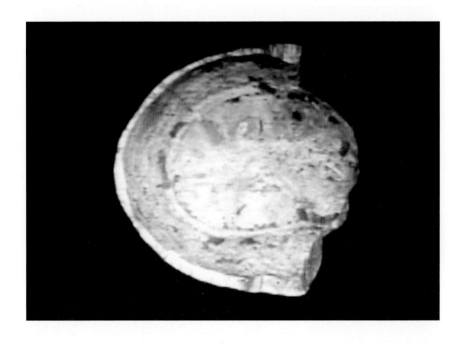

옆으로 돌리면 인물상으로 보인다.

전체적인 형태를 다듬어 나타냈음이 분명하다.

치아를 다른 방향에서 바라본 사진이다.[24]

선이 길게 나타나 있는데 밑면에는 보이지 않으므로 균열되어 나타난 선은 아
니다. 균열선이 아닌 이런 선이 위쪽 표면에만 자연적으로 나타날 수는 없으므
로 인위적으로 새긴 것으로 추정된다.

이 선이 입을 나타내며, 작은 홈이 눈을 이루는 인물상이다.

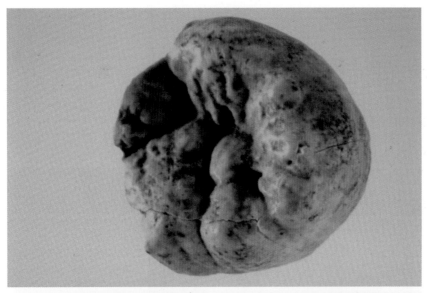

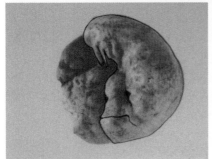 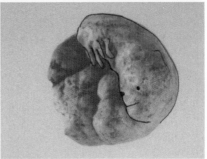

24 이기환, "무령왕 부부 위로 황금 꽃비가 내렸습니다…왕릉 속 2,715개 연꽃·원형 장식
의 비밀" 경향신문, 2021년 9월 28일, https://m.khan.co.kr/culture/culture-general/
article/202109280500001

위의 곳을 거꾸로 하면 선이 머리카락의 윤곽선을 그리고, 위 형상의 눈이 여전히 눈을 나타내는 인물상이다.

상아에 조각을 하듯 조각했음을 알 수 있다.

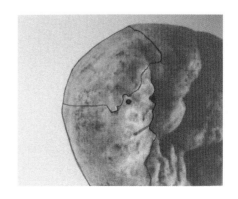

함평 신덕 1호분을 살펴보자.

무덤방에서 머리뼈 조각과 치아의 일부가 발견되었다(광주박물관).

앞에서 봤듯이 치아는 성분이 같아서 남을 경우 여러 개가 함께 남아야 하는데 남은 수가 적다. 머리뼈가 일부 남아 있어서 치아가 완전히 소실될 만큼의 환경은 아닌 듯하므로 더 많은 수가 남아 있어야 자연스러울 것이다.

다음 치아의 검은 부분은 충치의 자국일까.

그렇지 않을 것이다. 충치 부분은 썩은 것과 같아서 매우 약하다. 가장 먼저 부식돼 그 주변과 함께 사라지는 것이 당연하다. 충치가 아니라 의도적으로 조성해 놓았다는 이외 다른 설명이 불가하다.

충치처럼 보이는 검은 부분이 눈을 이룬 인물상이다.

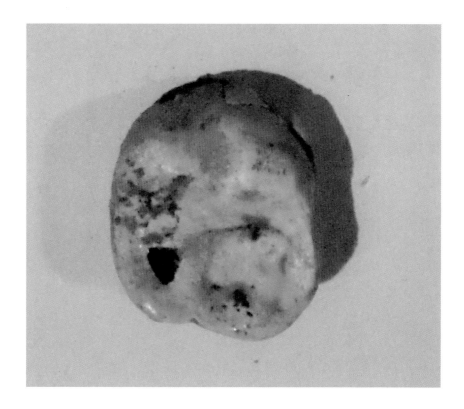

2) 두개골의 사람형상

경주 황남대총 남분에서 사람의 치아가 붙어있는 아래턱뼈가 발견되었다. 그런데 양쪽의 어금니가 눈을 나타내는 인물상으로 보인다.

[1977년 제작] 찬란했던 신라의 역사속으로 '신라 남분'

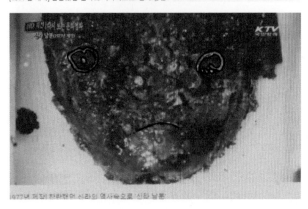

1977년 제작 찬란했던 신라의 역사속으로 '신라 남분'

충치로 어금니의 내부만 썩어 사라지고, 가장자리 둘레 부분만 둥글게 유지되는 현상은 자연적으로는 나타나지 않을 것이다.

인위적으로 가공했음이 분명하다.

앞에서 언급했듯이 황남대총에서는 각종의 동물·새·어류의 뼈가 발견되었다. 그런데 다음 닭뼈를 보면 인골이 이처럼 소량만 남은 것은 자연스럽지 않다. 뚜껑에 덮여 있는데, 뼈만을 모아놓은 모습이다. 뼈만을 놓고서 제사를 지내지는 않을 것이다. 제사용이 아님을 의미한다.

같은 환경이므로 닭뼈가 이처럼 생생한다면, 인골 또한 많이 남아 있어야 정상이다. 이런 비교 용도로 닭뼈를 위시한 동물·새·어류의 뼈를 배치했을 것이다. 이로써 피장자가 애초에 존재하지 않았음이 논증된다.

황남대총이 무덤이 아님도 증명된다.

부부 무덤 중 여성으로 추정했던 황남대총 북분에서는 아예 인골이 발견되지 않았으므로, 피장자가 애초에 매장되지 않은 것이 더욱 명백하다.

여성의 무덤으로 추정했던 북분에서 왕관이 출토되고, 남성의 무덤으로 추정했던 남분에서는 왕관이 출토되지 않아서 의문이었는데, 이유가 설명된다.

조성시기로 추정했던 5세기 전후 여왕이 없었던 모순도 설명된다.

　나주 복암리고분전시관에 게시된 영동리고분군 1호분 2호석실의 유아 인골 사진이다.

　반듯하게 그어진 선이 윤곽선을 이룬 인물상을 나타내는 듯하다.

　이런 반듯한 선이 자연적으로 그어질 수 없음은 자명하다.

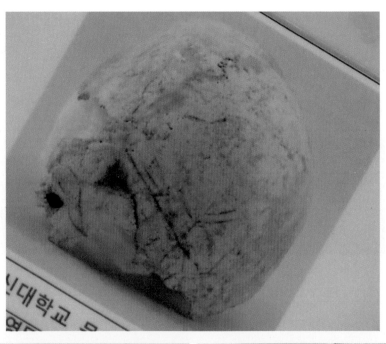

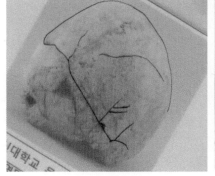 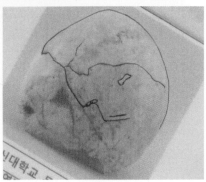

김해 예안리고분 출토 머리뼈의 복원품이다(김해박물관).

모형이어서 세밀한 분석은 불가하지만, 전체적인 형태는 비슷할 것이므로 나타난 그대로를 살펴보자.

전체적으로 인물상의 형태를 이루고, 세 구멍이 눈과 입을 표현한다.
의도적으로 인골을 배치했음이 분명하다.

3) 경주 월성의 유골

경주 월성 성벽 아래 바닥 부분 토층에서 3구의 인골이 발견되었다.

인신공양이라는 해석이 있으나, 그보다 다른 이유로 의도적으로 매장해 놓은 것으로 보인다. 오랜 시간이 지났으나 인골이 없어지지 않고 존재하는 자체가 이를 짐작케 한다. 고분 등의 인골을 의도적으로 매장하고 있음을 알리려 하는 목적이 아닐까 추정된다.

유골이 보존된 것은 땅 속 깊은 곳에 진흙으로 감쌌기 때문으로 보인다.

이는 창원 다호리고분의 목관이 2,000여 년의 시간이 지나도록 유지된 이유와 같을 것이다.

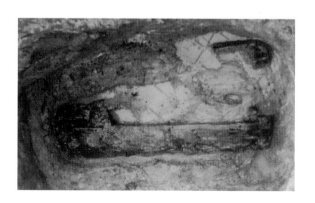

인골이 의도적으로 배치되었음은 두 인골이 하나의 골반으로 연결돼 있는 듯한 모습에서 확인할 수 있다(사진: 『고구려와 한강』).

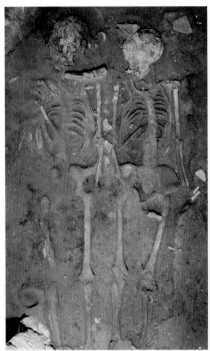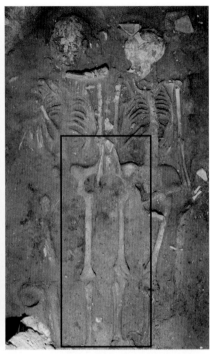

　월성의 바닥에서 발견되었으므로, 유골의 조성 시기는 월성의 축조시기와 관련이 있을 것이다.

　삼국유사에 실린 탈해왕의 이야기에 월성과 관련된 이야기가 있다. 왕위에 오르기 전에 토함산에 올라 살펴보니 "마치 초승달같이 둥근 봉우리가 있어 지세가 오래 살 만한 곳이었다."라고 되어 있다.

　신라 이전에 이미 월성이 축조되었음을 의미한다.

　이는 월성의 유골 또한 신라 이전 시기의 유산임을 증언한다.

형태상 남녀로 보이는데, 우측 여성상이 고개를 돌려 남성상을 바라보고 있
는 듯하다.

남성상은 웃는 듯한 모습으로 보인다.

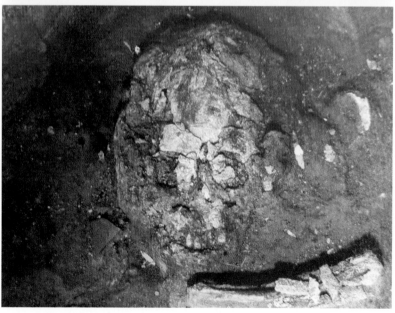

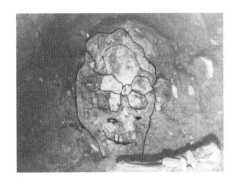

4. 고분 이전 시대 인골의 사람형상

인골을 인위적으로 배치한 현상 또한 더 고대로부터 이어져 온 듯하다.

1) 구석기시대

구석기시대 단양 구낭굴유적에서 발견된 인골에 형상이 새겨진 듯하다(『충북
대박 도록』).

사람 발목뼈에 나타난 인물상이다.

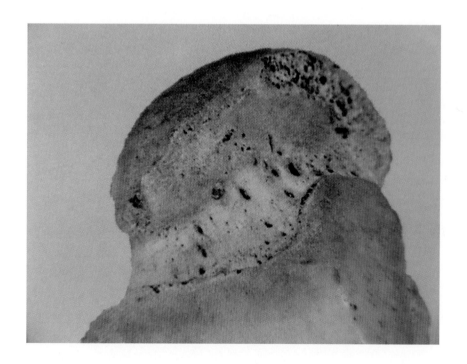

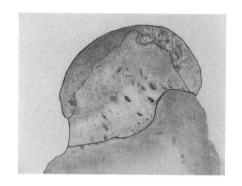

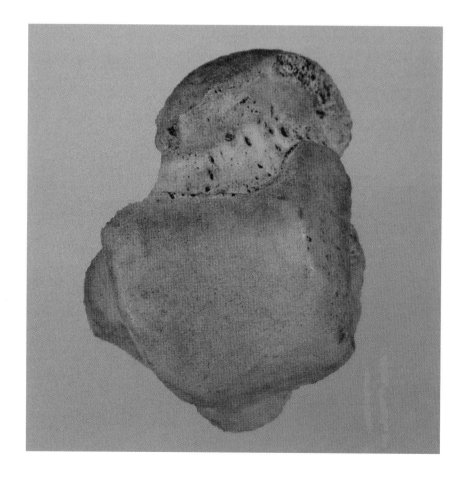

2) 신석기시대

여수 안도 패총의 신석기시대 인골을 보자(광주박물관).

두개골에 가로로 평행을 이루며 두 균열선이 나타나 있다.

반듯한 두 선이 평행을 이루는 모습이 자연적으로 이루어진 것으로 보이지 않는다. 자세하게 살펴보면 선들은 균열로 나타난 것이 아니라 표면에 선이 그어진 것이다.
인위적으로 긋지 않고서는 나타날 수 없는 현상이다.

전체적 형태가 모자를 쓴 듯한 모습의 인물상이다. 선이 머리카락의 경계선을 나타낸다.
인위적으로 조성한 인물상이 명백하다.

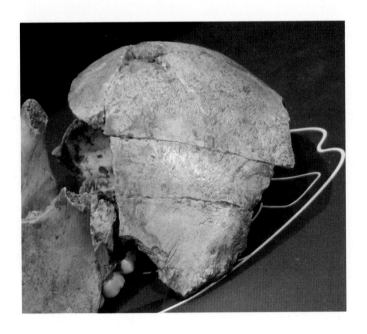

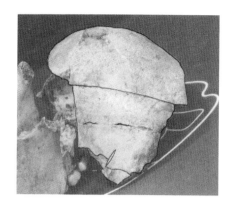

위 인골의 출토 모습이다.

여성과 함께 매장되어 있는데, 패각이 섞인 흙으로 덮은 토광묘로 추정된다
한다.

그런데 양손을 배에 모은 듯한 우측 여성 인골의 척추뼈가 보이지 않는다.

광주박물관에 전시된 남성 인골의 전신 모습이다. 우측 손가락 뼈가 남아 있다. 이처럼 손가락 뼈가 남아 있는데, 여성 인골의 척추뼈가 남아 있지 않은 것은 자연스러운 매장으로는 설명이 안 된다.

인골을 의도적으로 매장했음이 분명하다.

한편 유골이 패총에서 발견된 것은 패총이 인위적으로 조성되었다는 분석이 사실임을 뒷받침한다.

경남대학교박물관에 게시된 패총에 대한 설명을 보자.

"흔히 신석기시대의 패총은 오늘날의 쓰레기장처럼 먹고 남은 동물 뼈나 조개껍질, 깨진 토기나 석기를 버린 폐기장으로 알려져 있다. 그러나 통영 연대도 패총이나 사천 늑도패총에서는 무덤이 발견되었고, 하동 목도 패총에서는 화덕시설이 발견되기도 했다.

패총에 조상의 시신을 모시는 무덤을 만든다든가 제사에 사용한 동물의 뼈가ㅏ骨 출토된다는 것은 패총이 단순한 쓰레기장은 아니었음을 알려 준다."

인위적으로 조성한 패총에 나타난 인골은 인골을 의도적으로 매장해 놓았음을 의미한다. 이 인골에 나타난 인물상은 무덤이 아님을 증명한다.

3) 청동기시대

제천 황석리 청동기시대 고인돌을 살펴보자.

6호 고인돌의 인골 출토 모습이다(『충북대박 도록』).

자연적인 무덤이 아님을 알 수 있다. 네 마디 뼈가 두개골이 놓여 있어야 할 곳부터 아래까지 줄을 맞추어 놓여 있다.

의도적으로 인골을 배치했음이 분명히 드러난다.

참고로 고령 지산동 44호분의 15호 순장 무덤의 인골 상태는 황석리 6호분과 매우 유사하다(대가야왕릉전시관).

다리뼈가 한 줄로 사선으로 배치되어 있다. 이처럼 다리뼈가 남아 있는데 척추뼈 등이 하나도 남지 않았다.

김해 예안리의 가야 고분에서도 척추뼈만 없는 인골을 볼 수 있다.

고분이 고인돌의 전통을 그대로 이어받고 있음을 알 수 있다.

완벽한 형태의 인골이 발견된 황석리 13호분의 인골을 살펴보자.

KBS 역사스페셜 "기적의 건축술 한반도 고인돌왕국의 수수께끼"(1998년 12월 5일 방송)에서 황석리 13호분 관련 내용을 보자.

발견된 두개골을 이용해 얼굴을 복원해 보니 서양인의 얼굴이었다 한다.

두개골의 모습을 보자.

안도 패총의 신석기시대 두개골처럼 반듯한 선들이 나타나있다. 자연적인 매장의 결과로 나타날 수 없는 모습이어서 의도적으로 매장해 놓았음이 분명하다. 두개골이 나타내는 사람형상은 이를 증명한다. 전체적 형태가 윤곽을 이루고, 선이 입을 표시하는 인물상을 나타냄이 뚜렷하다.

서양인처럼 보이는 인골을 매장해서 의문을 제기하고, 의도적으로 매장해 놓았음을 알 수 있도록 하기 위함으로 보이는데, 이는 가덕도 신석기시대 인골과 유사하다. 이에 대해서는 뒤에서 살펴보기로 한다.

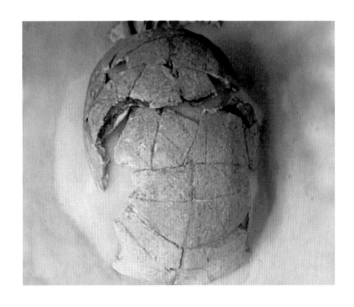

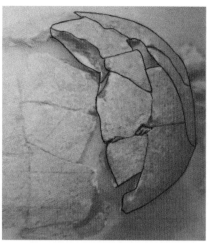

옆에서 보면 고대 토기에서처럼 윗부분이 뚜렷한 인물상을 나타낸다.

황석리 7호 고인돌의 인골 출토 모습이다(『충북대박 도록』).

누구든 이를 본다면 의아해할 모습이다.

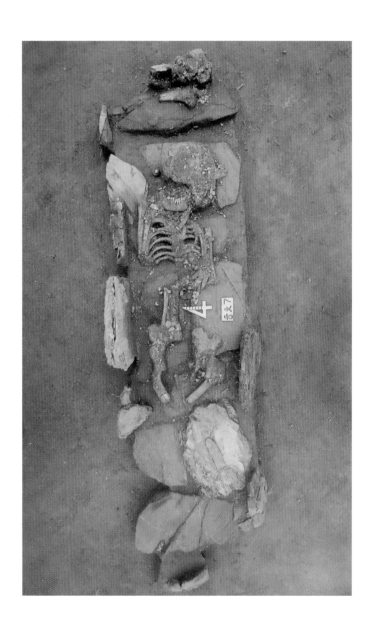

머리 위쪽에 뼈가 놓인 이유는 '의문을 가지게 하기 위한 것' 이외 다른 설명
이 불가해 보인다.

몸통과 하체의 연결 상태, 다리뼈의 절단된 모습, 모두 의문의 제기를 목적으
로 한 듯하다.

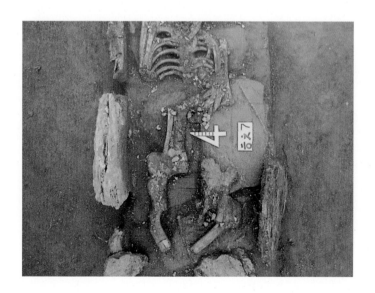

거꾸로 보면, 갈비뼈가 인물상을 나타내도록 배치되었음을 알 수 있다.
턱뼈가 입을 표시한다.

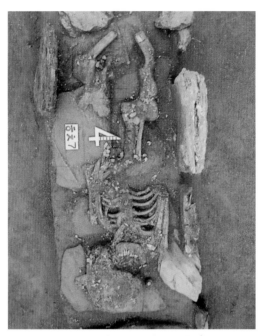

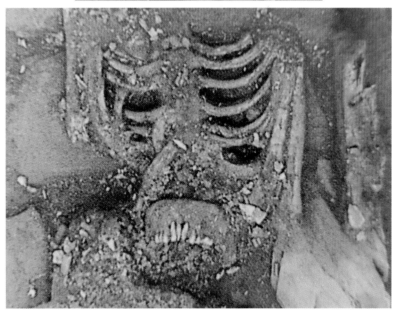

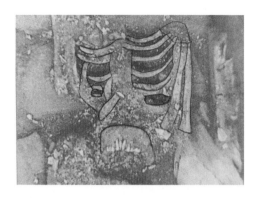

오른손을 들어 올려 손 인사하는 듯한 모습으로 보인다.

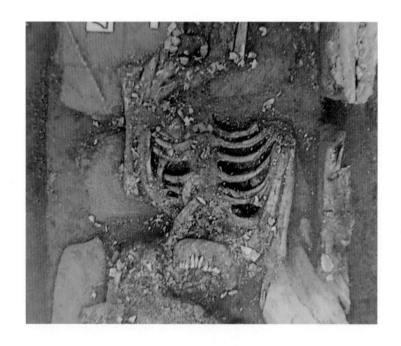

　전작 등에서 고인돌이 무덤이 아니라고 설명했다. 그럼에도 불구하고 고인돌에서 인골이 출토되기도 해서 무덤이 아님을 완전히 부정하기 어려웠다. 그래서 일부는 무덤으로 사용되기도 했다고 추정했다.

　이제 고분처럼 고인돌 또한 인골의 존재가 무덤임을 증명하지 못하는 것이 명백해졌다고 판단된다.

5. 결언

이상으로 고분의 인골이 무덤이 아니라 무덤 형식을 빌어 남긴 고대문명의 기억을 위한 유산임이 확실해졌다고 판단된다.

그 맥은 구석기시대부터 신석기시대, 청동기시대를 거치며 이어져 온 듯하다.

인골에 나타난 고대문명의 과학기술에 대한 더 구체적이고 직접적인 증거도 있다.

이미 그런 증거들은 제시돼 있었으나 단편적이어서 받아들여지지 않았을 뿐이다.

다음은 이와 관련한 우실하 교수의 글이다.[25]

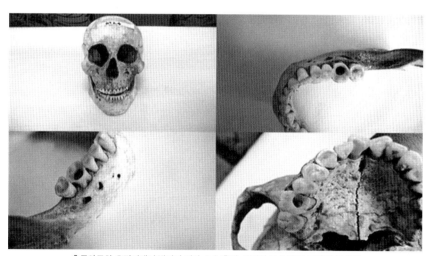

흥륭와문화 유적지에서 발견된 치아 수술 흔적. 우실하 교수 제공. 그래픽 문석진

---

25 우실하, "'제5의 문명' 요하는 '중화' 역사엔 없었다" 한겨레, 2010년 1월 28일, https://www.hani.co.kr/arti/culture/book/401553.html

기원전 6천 년 이미 인공적인 치아 수술 흔적

위 사진은 홍륭와에서 발견된 치아 수술 흔적이다. 중국, 일본 학자들이 이것을 발굴하고 4년을 고민했다고 한다. 진짜 수술 흔적 같기는 한데, 기원전 6000년 홍륭와문화 시대에 치아 수술을 했다는 것이 도저히 믿을 수 없었기 때문이다. 일본 학자들이 이 유골을 가져가서 4년간 집중연구를 해 2008년 2월 정식으로 기자회견을 했다. 틀림없이 인공적인 치아수술 흔적이라는 것이다. 두개골이 그대로 나왔고, 치아에 뚫린 구멍의 직경이 모두 같고 도구를 이용한 연마흔적도 발견되었다.

현미경 사진을 찍어 봤더니 나선형 연마흔적을 발견했고 이것은 인공적인 도구를 사용하여 구멍을 뚫은 것임을 입증하는 것이다. 충치 때문에 생긴 것이 아니라 인공적으로 뚫은 것이다. 그래서 정확한 수술 흔적이라고 보는 것이다. 두개골 수술은 유럽에서 기원전 5천 년으로 추정되는 유물이 발굴되었고, 중국에서도 기원전 2500년 두개골 수술 흔적이 발견되었다. 이렇게 이른 시기에 치아 수술 흔적이 발견된 것은 홍륭와 유적지가 유일하다.

이미 충분한 증거들이 제시되어 있었으나, 그 증거들이 따로따로 흩어져 있고 하나로 꿰이지 못했기 때문에 공인되지 않은 것으로 판단된다.

이제 충분한 근거들이 제시되어, 이미 밝혀져 있던 충치 수술 같은 직접적 증거와 합쳐져서 고대 어느 때인가 과학문명이 발달한 적이 있었음이 확실해졌다고 판단된다.

고분이 무덤이 아니라는 관점에서 보면, 고분에서 발견되는 인골도 피장자의 흔적이 아니라, 유물에 포함된다고 할 수 있다.

5장 창원 다호리고분

1. 무덤이 아닌 이유

1988년 창원 다호리 1호분에서 목관이 발견되었다.
이를 발굴할 당시 상황에 대한 관련 글을 요약해 보자.[26]

[구덩이 안 동북쪽 모서리에서 물이 샘처럼 솟구쳐 목관 윗부분까지 침수된 상태였다. 목관을 매장하고 일정 시간이 흐른 뒤 지하수가 터져나온 것으로 추정되었다.

목관을 들어 올리자 목관 아래에 부장품을 따로 묻는 구덩이가 있었으며 이곳에 많은 유물이 남아 있었다. 이중 칠기에 감 3개가 담겨 있었고, 하관에 사용되는 동아줄 주변으로 밤이 흩뿌려져 있었다.

기원전 1세기 무렵의 목관과 칠기, 과일이 부식되지 않고 2,000년 넘게 고스란히 보존될 수 있었던 것은 발굴단을 지독히 괴롭힌 지하수 덕분이었다. 매장 직후 물이 뒤섞인 진흙이 목관을 뒤덮어 외부 공기를 차단했기 때문이다.

당시 발굴단이 꺼낸 목관은 발굴 역사상 처음으로 온전한 형태가 확인된 통나무형 목관이었다.]

이상의 1호분 발굴에 모순점이 있다. 유골이 발견되지 않았다는 점이다.

목관과 칠기, 감, 밤이 물이 뒤섞인 진흙에 뒤덮여 남아 있었는데, 같은 환경에서 단단한 뼈가 모두 사라지는 것은 가능하지 않다.

---

26 김상운, 『국보를 캐는 사람들』(파주: 글항아리, 2019), pp. 264~266.

1호분에서 발굴된 감과 밤을 보자. 감은 3개, 밤은 28개가 발견되었다. 크게 변하지 않은 모습이다.[27]

물과 진흙에 덮힌 환경에서는 공기와 완전히 차단되어 2,000여 년의 시간이 지나도 유기물이 산화되지 않는 것으로 해석된다.

따라서 유골 또한 남아 있어야 정상이다.

---

27 이기환, "도굴꾼은 상상도 못했다⋯목관 밑 '보물상자'에 담긴 2,100년 전의 삶" 경향신문, 2022년 6월 14일, https://www.khan.co.kr/culture/culture-general/article/202206140500001

애초에 시신이 없었음이 명백하다.

따라서 무덤이 아니며, 무덤 형식을 빌어 후대에 유물을 전하는 창구라는 결론이다.

물이 뒤섞인 진흙에 덮힌 목관의 노출 모습이다.

매장 이후 오래지 않아 목관, 감, 밤 등이 썩기 시작할 것인데, 이들이 온전하므로, 매장 직후 지하수가 터져 나왔다고 추정하는 듯하다.

그러나 그보다 지하수가 있는 곳을 찾아 유물을 매장한 것으로 보는 것이 더 타당하다.

물이 나오는 곳에 무덤을 쓸 리 없다. 따라서 무덤을 쓴 이후 지하수가 터졌으리라 추정한다.

그러나 무덤이 아니며 유물의 보존이 목적이라면, 지하수가 나오는 곳에 유물을 매장한 이유가 설명이 된다.

다호리고분은 도굴로 인해 파헤쳐져 겨울임에도 긴급히 발굴에 들어갔다 한다.

'목관을 들어 올리자 목관 아래에 부장품을 따로 묻는 구덩이가 있었으며, 이곳에서 많은 유물이 남아 있었다' 하므로, 크고 무거워 들어 올릴 수 없는 목관 아래에 유물을 묻어 유물을 온전히 보존한 것을 알 수 있다.

무령왕릉이 봉분이 없어서 숨겨진 반면, 도굴범에 노출되었음에도 관 내부가 아닌 관 아래에 유물을 묻어 보존한 것은 무덤을 숨긴 것과 다르지 않다.

그런데 유물에 몇 가지 의문점이 더 있다. 기사의 내용을 검토해 보자.
관 밑의 동아줄에 대해 하관에 이용한 이후 끊었다고 설명한다.
동아줄의 모습을 보면 이런 추정이 설득력이 있어 보인다.

그러나 동아줄이 한쪽에서 한 줄만 발견되어 의문이다.
목관은 길이 240㎝, 폭 85㎝, 높이 65㎝의 크기로 무거우므로 하관에 여러 줄이 필요할 것이다. 하관 후 관에 눌린 줄을 빼내기 어려우므로 자른다면, 여러 줄이 남아 있어야 정상이다.

유물 노출 상황이다.

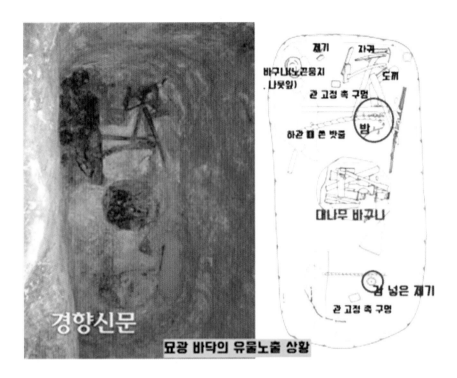

목관을 들어낼 때 체인블록 삼발이를 이용했다 한다. 목관의 크기와 무게를 고려하고, 한 줄만 남은 것을 감안하면, 하관에도 줄이 아닌 다른 방법이 동원된 것으로 추정함이 타당하다.

동아줄은 한 줄만 매장함으로써 오히려 줄을 이용해 하관한 것이 아님을 증언하는 기능을 하는 듯하다.

줄이 유기물이 아니라면 모르나 유기물인데도 썩어 없어지지 않았다면, 감이나 밤처럼 유골이 남아 있지 않은 것이 정상이 아님을 증명하는 기능도 한다.

노끈도 발견되었다 하는데, 이들의 성분에 대한 정밀한 조사가 필요해 보인다.

목관의 모습도 의문이다.

일부가 떼어져 나갔는데 이에 대해 "관 덮개의 일부가 도굴에 의해 절개되어"
라고 설명한다.

그런데 절개된 부분이 반듯해서 어떤 방법으로 절개했는지 의문이다. 불편한
구덩이 안에서 톱이 아니고서는 이처럼 절개하기 어려울 것이다. 그런데 톱이라
면 절개 면이 정밀하게 반듯해야 하는데 그렇지 않다.

그리고 절개된 잔해가 남아 있지 않은 것도 의문이다.

이를 종합하면 목관은 도굴 때 절개된 것이 아니라 처음부터 이 형태로 매장
된 것으로 해석된다. 이는 관이 아님을 의미한다. 관처럼 보이게 하면서도 관이
아님을 알 수 있도록 이런 형태로 매장한 것으로 추정된다.

목관은 밑에 유물을 숨기고 있어 주구무덤의 주구와 유사한 기능을 한다. 또
한 그 형태를 통해 다호리 고분이 무덤이 아님을 증명하고 있다.

유물 노출 상황을 보면 유물의 배치가 뚜렷한 인물상을 나타낸다.

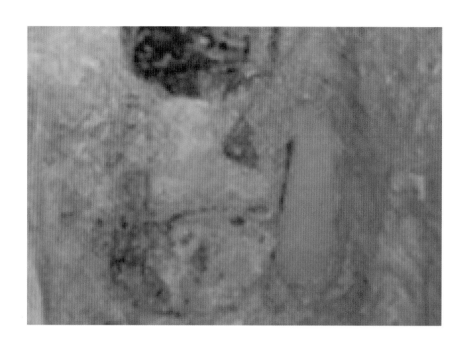

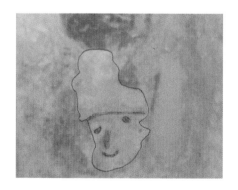

다호리 1호분에서 부채가 발견되었는데, 시신의 얼굴을 부채로 덮은 것이라는 분석이 있다.

관련 기사를 요약해 보자.[28]

"사실 다호리 1호분 조사에서는 부채가 출토된 정확한 양상을 몰랐다. 그러니 막연히 이곳에 묻힌 사람이 생전에 더위를 쫓기 위해 사용한 용품이라는 정도만 추정했을 뿐이다.

그러다가 상주 예산리유적 발굴을 통해 전혀 새로운 사실이 밝혀졌다. 이 또한 비록 자루만 남았지만, 그것이 놓인 양상을 볼 때, 부채가 시신 얼굴을 가렸음이 분명한 것으로 밝혀졌기 때문이다."

부채로 시신 얼굴을 가렸다는 분석은 경주 고분에서 왕관으로 얼굴을 가렸다는 분석과 같다.

그러나 왕관으로 얼굴을 가린 것이 아니라, 시신이 없는 상태에서 얼굴 부위에 왕관을 배치한 것임을 앞에서 살펴보았다.

이처럼 부채도 얼굴을 가린 것이 아니라 시신 없이 얼굴 부위에 배치했을 가능성이 크다.

이들 고분이 무덤이 아님을 알 수 있도록 취해 놓은 조치로 해석된다.

한편, 창원 다호리 1호분에 인골이 애초에 없었다면, 부채로 얼굴을 덮는 행위 자체가 성립하지 않는다. 사체 없이 얼굴 부위에 배치했음이 증명된다.

무덤이 아님을 알 수 있도록 부채를 얼굴 부위에 배치해 놓은 것이 분명해 보인다.

---

28 김태식, "부채로 시신 얼굴 가린 4번째 목관묘 출토" 연합뉴스, 2008년 2월 22일, https://www.yna.co.kr/view/AKR20080222171900005

기사의 내용을 더 보자.

"1988년 1월 '도굴이 극심하다'는 제보에 따라 조사가 시작된 창원 다호리 유적. 논으로 경작되고 있었고, 봉분도 드러나지 않았지만 도굴꾼들이 파낸 도굴 구덩이가 40~50고에 달했다."

"도굴꾼의 탐침봉 흔적이 사방팔방에서 확인됐다. 봉분이나 그 흔적이 남아 있는 곳도 아닌 논밭이었는데도 그랬다. 실제 도굴이 자행된 구덩이가 논밭 일대에서만 40~50곳이나 보였다. 구릉 위까지 범위를 넓히면 100곳이 넘을 것으로 판단됐다."

"도굴은 완벽하게 이루어지지 않았다. 도로 바로 옆에 논밭을 파헤치다 보니 도굴할 시간이 충분하지 않았던 모양이다. 도굴범들은 목관 내부의 유물을 다 걷어내지 못한 채, 서둘러 볏단과 흙을 메워 놓고 도주했던 것 같다."

구릉의 연장선에 있어서 논밭도 조사했을 수 있으나, 봉분도 없는 논을 조사한 것은 특이하다. 도굴꾼들에게는 고고학자가 알지 못하는 유적을 찾는 방법이 별도로 있는 것은 아닐까 하는 생각이 들 정도다.

결과적으로 도굴 때문에 유적이 발견되고 정식 발굴이 이루어졌다는 점에서 앞에서 살펴본 함평 신덕고분과 유사하다.

"아직도 전국 곳곳에 발굴되지 않은 고분 등이 상당수 널려 있는데, 발굴작업이 제대로 이루어지지 않는 것 같다."며 오히려 당국의 무성의한 문화재 관리 정책을 책망했다고 수사진이 전언했다는 기사에 따른 것처럼 정식 발굴이 이루어진 것이다.

다호리 1호분은 발견 당시 깊이 1m 남짓한 구덩이에 도굴꾼이 채워놓은 볏짚단이 가득했다 한다. 짚단 밑에는 물이 고여 있었다.

도굴꾼이 최소한의 보호조치를 취해 놓은 듯하다. 이처럼 문화재의 귀중함을 아는 도굴꾼이 발굴하도록 구덩이를 파헤쳐놓은 것은 아닐까 추정하는 것은 억측이겠지만, 결과적으로 유사한 결과를 낳았다.

이 모든 것을 예상하고 무거운 목관 밑에 유물을 매장해 놓아 무덤을 숨긴 것과 같은 효과를 노린 것으로 추정된다.

무덤이 아니지만 무덤 형식을 갖췄으므로 도굴 등에 대비한 적절한 조치를 취해 놓은 것으로 판단된다.

2. 유물의 사람형상

1) 목관

출토된 통나무형 목관이 국립중앙박물관에 전시돼 있다.
뚜껑이 두 조각나 있다.

뚜껑 아래쪽에 홈이 파여 있다.

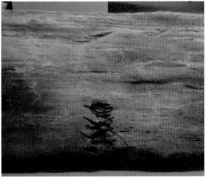

홈의 우측면이 인물상을 나타낸다.
선을 그어 뒤쪽 윤곽선을 나타냈다.

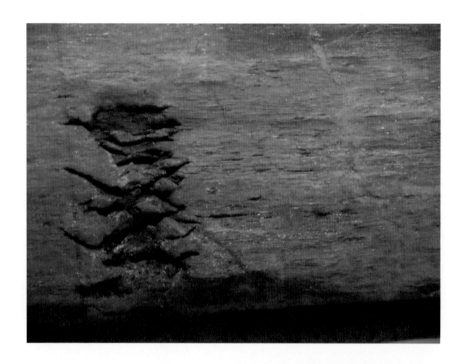

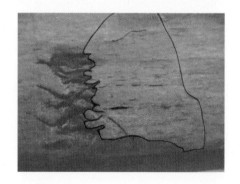

2) 청동제품

다호리 고분의 목관과 함께 출토된 청동유물을 보자.

균열된 선을 따라 색감이 다르다. 주조된 물품이므로 성분이 다를 수 없다. 그런데 균열된 선을 따라 색이 다른 것을 어떻게 설명할 수 있을까. 색상이 같은 부분도 갈라졌으니 성분이 달라서 갈라진 것도 아니다.

조각을 별도로 제작해 이어붙였다는 설명 이외 다른 설명이 불가해 보인다. 완전 원형이 아니며 접합부 두 곳이 약간 돌출돼 있는 것도 이를 반영한다. 복잡한 부품이 조합된 것도 아닌, 주조 방식으로 한 번에 제작된 제품이어서 더 이상 다른 분석이 어렵다.

현대 기준으로 매우 어려워 보이고 당시에 할 수 있었으리라 납득되지 않는다 하더라도, 다른 설명이 가능하지 않다면 이를 받아들일 수밖에 없다고 생각된다.

균열선을 따라 양쪽의 색감이 완전히 다른 균열은 자연적이 아닌 것을 증언
하는 듯하다.

균열이 형상을 나타낸다. 두 문양이 눈을 이룬다.

3) 철기

용도를 알기 어렵다(『국보를 캐는 사람들』).

옆에서 보면 홈이 눈을 이루고, 선이 입을 나타내는 인물상으로 보인다.

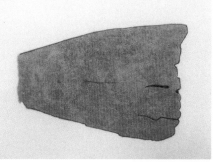

6장 창녕고분 바위의 인위적 현상

창녕 교동·송현동고분 군에 석실 뚜껑돌이 전시돼 있다.

이처럼 뚜껑돌을 별도로 전시한 경우는 볼 수 없어서, 뚜껑돌을 살펴볼 수 있는 좋은 기회다.

뚜껑돌을 전시해 놓은 교동 67호분의 안내판 내용을 보자.

"그동안 봉분이 없어 무덤의 실체를 모르고 있다가 2009년 주변을 정비하는 발굴 조사 과정에서 실체가 드러났다.

5세기 후반에 만들어진 앞트기식돌방무덤이며, 돌방은 벽의 일부가 주택에 의해 훼손되었지만 거의 도굴되지 않아 만들어진 당시의 모습을 그대로 유지한 상태였다. 돌방은 길이 6.5m, 너비 1.4m, 높이 1.7m이며 뚜껑돌은 9매가 사용된 것으로 보인다."

봉분이 없어 도굴되지 않은 점은 공주 무령왕릉과 동일하다.

현재, 봉분이 원래는 있었을 것이란 전제로, 발굴 조사한 7호분 봉분을 대신 재현해 놓았다. 그러나 무령왕릉을 참고하면 원래부터 봉분 없이 조성해 숨겼을 가능성이 크다.

앞쪽에 뚜껑돌이 전시돼 있다. 뚜껑돌은 67호분의 것이다.

1. 뚜껑돌의 증언

뚜껑돌의 무덤에서 배치된 모습과 현재 진열되어 있는 모습이다.

뚜껑돌을 살펴보면 창녕 교동·송현동 고분을 단순한 무덤으로 규정할 수 없음이 드러날 것으로 판단된다.

다음 바위에 녹슨 듯한 색감의 선이 그어져 있다.

앞에서 이런 녹슨 듯한 물질을 고인돌 등의 바위에 인위적으로 도포했다고 추정하였다.

　반듯하게 다듬어진 표면에 나타난 녹슨 듯한 물질의 선은 바위를 다듬은 직후에는 없었을 것이므로, 반듯하게 다듬은 이후에 그어진 것으로 추정된다.

　이 선이 인물상의 입을 나타내서 인물상을 표현하는 기능을 하므로, 인위적으로 그은 것으로 추정함이 타당하다.

다음 뚜껑돌에 두껍게 나타난 녹슨 듯한 물질은 위의 뚜껑돌에서 선을 이룬 물질과 같은 것으로 판단된다.

바위 자체의 성분이 아닌 것이 분명한데, 표면을 얇게 덮은 이 물질이 자연적으로 형성될 요인이 없어 보인다. 이런 물질의 생성되는 과정이 명확하게 밝혀진 이론이 존재하지 않는다면. 막연하게 자연적이라고 주장하는 것은 타당하지 않다. 이 물질이 형상을 표현하는 기능을 하므로 인위적으로 도포한 물질로 보인다.

필자는 전작에서 고인돌에서도 같은 물질이 도포돼 생명형상을 표현하는 기능을 하고 있으므로 인위적으로 도포되었다고 설명한 바 있다.

다음 뚜껑돌에 표면을 다듬어 형성한 인물상이 나타나 있다.

위의 인물상은 입이 뚜렷하지 않는 등 인물상을 표현하고 있는 것이 명확하다고 할 수 없다. 그런데 머리카락과 얼굴의 경계선 부분에 위치한 눈을 나타내는 곳을 자세히 보면 녹슨 듯한 물질이 도포돼 있다.

검은색의 이 물질이 없다면 눈이 표시되지 않아 의도적으로 인물상을 표현하는 지가 불분명할 것이나 이 물질이 도포돼 있으므로 인위적, 의도적 현상임이 분명해진다.

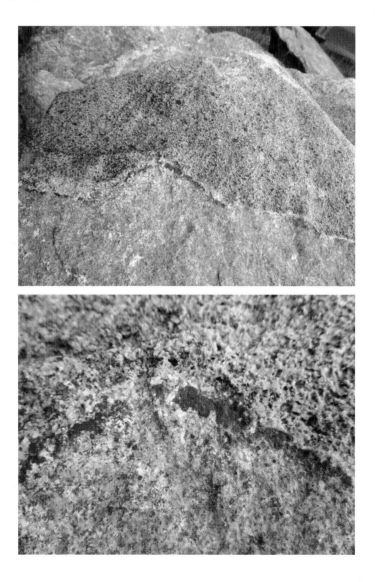

다음 뚜껑돌에는 세 구멍에 이어지며 균열이 간듯한 선이 그어져 있다.

이 선이 바위의 좌측면까지 길게 이어져 있다.

좌측면에 나타난 선은 완전히 다른 형태다. 선 아랫부분이 많이 돌출돼 있다. 인위적으로 그은 선이 분명하므로 이런 현상 또한 인위적으로 형성되었음이 분명하다. 선의 위쪽 부분을 잘라 내지 않고서는 형성될 수 없는 형태다.

바위를 의도한 대로 다듬을 수 있었던 듯하다.

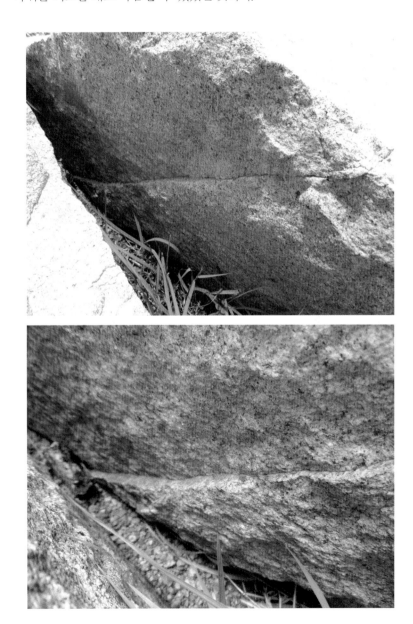

다음 뚜껑돌에는 시멘트가 묻어 있다. 성분을 분석하는 등의 조사를 통하지 않고서는, 발굴 전부터 있었는지 발굴 후에 묻었는지 외면적으로는 알기 어렵다.

마른 이후에는 눈에 잘 띄지 않는다. 유물의 원형을 보존하는 데 최선을 다하는 것을 감안하면 발굴 후 묻기보다 발굴 당시부터 있었을 가능성이 크다. 이는 고분 조성 당시에 시멘트와 유사한 물질이 존재했음을 의미한다.

다음 뚜껑돌은 모서리가 손이 베일 듯이 날카롭다.

고인돌에서도 유사한 형태를 많이 볼 수 있으므로 고인돌 조성 당시에 바위를 이와 같이 다듬을 수 있었음은 분명하다. 그 맥이 고분의 뚜껑돌 조성 시기까지 이어진 듯하다.

조성 이후 습기 찬 흙에 묻혀 있었지만 모서리가 날카로움을 그대로 유지하고 있음에 주목할 필요가 있다. 조성 당시 그대로의 상태를 유지하고 있는 것이다. 땅속에서 발굴되는 석재 유물조차 무차별적으로 풍화되었다고 설명하는 경우가 있는데 설득력이 없음을 지적하고자 한다.

이상의 뚜껑돌 분석에서 알 수 있듯이 창녕 교동, 송현동 고분은 단순한 무덤이 아닌 것으로 보인다. 바위를 다양한 방식으로 가공하고 있음을 후대가 알아볼 수 있도록 기획하에 무덤 형식으로 조성해 놓았을 수 있다.

2. 고분에 놓인 바위의 바위구멍

송현동고분 윗부분에 놓여 있는 바위에 고인돌에서 볼 수 있는 바위구멍이 새겨져 있다. 송현동고분이 고인돌과 관련 있음을 나타낸다

두 바위구멍의 색이 다른데 바위의 아랫부분을 보면 원석이 밝은색이다. 이 경우 바위 표면이 검더라도 깊게 파인 바위구멍은 모두 밝은 색감이어야 한다.

그렇다면 검은 색감의 바위구멍은 어떻게 나타나게 되었을까?

세 바위구멍이 두 눈과 입을 표시한다.
그런데 세 바위구멍의 색감이 모두 다르다.

바위에는 서로 다른 색감의 세 바위구멍이 새겨져 있다.

서로 다른 색감의 세 바위구멍 중 밝은색의 바위구멍이다.

밝은색과 검은 색감이 반반인 바위구멍의 모습이다.

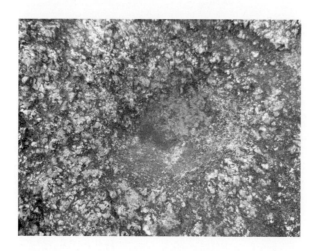

나머지 하나는 완전한 검은색이다. 원석이 밝은색이어서 깊게 파인 바위구멍
도 밝은 색감이어야 하는 것과 모순된다.
　표면에 검은 물질이 입혀졌음이 뚜렷하다.

　전작에서, 고인돌에 파인 바위구멍의 색감이 원석과 다르고, 고인돌의 표면과 같은 색감일 경우, 바위구멍을 판 이후, 바위구멍과 전체 표면에 다른 색감의 물질을 입혔다고 설명했는데, 같은 경우로 해석된다.

　고인돌과 고분에 위치한 바위에 동일 현상이 나타나는 것은 고인돌과 고분이 밀접한 관련이 있음을 시사한다. 고인돌의 바위구멍에서는 발견하지 못한 두껍게 입혀진 검은 물질을 고분에 위치한 바위의 바위구멍에서 발견한 것은 큰 성과라 생각된다.

　한편 바위에만 검은 물질을 도포했을까 하는 의문이 든다. 고인돌에서 발굴되는 토기에도 불에 그을린 듯한 검은 색감이 나타나는데, 바위에 도포된 검은 색감과 같은 성분일 수도 있다고 추측된다.

　앞에서 살펴본 무령왕릉 출토 백자 잔에 나타난 검은 물질과 동일할 수도 있을 것이다.

둥글지 않아 바위구멍으로 볼 수 없는 불규칙하게 파인 홈이 바위구멍과 함께 눈을 나타내는 인물상이다.

불규칙하게 파인 홈도 바위구멍과 유사하게 생명형상을 표현하는 기능을 하는 것이 잘 나타난다.

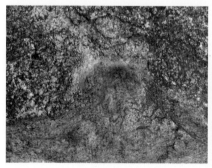

고분 지역에 위치한 창녕박물관 야외에 놓인 바위에도 바위구멍이 새겨져 눈을 나타낸다.

창녕 교동, 송현동고분의 뚜껑돌의 분석과 바위에 나타난 바위구멍의 형상을 감안하면 창녕 교동, 송현동고분이 단순한 무덤이 아닐 가능성이 크다.

3. 바위의 쐐기홈

고분과 숲이 접하는 부분에 놓인 바위에 쐐기홈으로 자른 흔적이 남아 있다. 직사각형의 비슷한 크기의 두 바위 중 하나를 자른 모습이다. 현대에는 쐐기홈으로 바위를 자르지 않는다.

쐐기홈은 고인돌에도 나타나므로, 이 또한 바위구멍처럼 고분이 고인돌과 밀접한 관련이 있음을 증언한다. 특히 이처럼 자를 이유가 전혀 없어 보이는 바위를 자른 이유는 표시의 의미로밖에 해석할 수 없다.

옆에 놓인 잘리지 않은 바위 표면에도 쐐기홈이 새겨져 있는데, 크기가 아주 작다. 자세하게 살피지 않으면 잘 보이지도 않는 이런 홈들을 현대에 팔 이유가 없다. 앞에서 살펴본 뚜껑돌 바위에 나타난 여러 현상을 감안하면, 고분을 조성할 당시에 행한 것으로 판단된다.

이처럼 작은 쐐기홈은 '나무를 꽂아 물을 부어 나무를 팽창시켜 바위를 자른다'라고 설명하는 이론이 전혀 적용되지 않는다.

유사한 자국이 남해 다랭이마을 바닷가 암반에도 새겨져 있다.

쐐기홈으로 암반을 잘라낸 곳에 작은 쐐기홈이 새겨져 있다. 현대에는 이처럼 바위를 자르지 않으며, 고대 채석의 흔적으로 보인다.

작은 쐐기홈을 이용해 바위를 자른 모습이다. 홈을 수작업으로 파지는 않았을 것이며, 작게 구멍을 판다고 해서 바위가 잘릴 리도 없다. 기계장치로 충격을 줘서 작게 구멍을 내며 바위를 자른 것으로 추측된다.

송현동고분의 쐐기홈으로 자른 바위 옆에 나타나 있어 함께 새겼음이 분명한 작은 쐐기홈의 구멍이 눈을 나타내는 인물상이다.

주변 바위 표면을 다듬어 얼굴 윤곽선과 입을 표시했다.

4. 착암기의 사용

송현동 고분 사이에 몇 개의 바위가 보이는데, 아래쪽 끝단에도 바위가 놓여 있다.

다음 두 바위는 암반이 아니어서 고인돌처럼 옮겨 놓았을 수 있다. 좌측 큰 바위는 중간 부분이 균열되어 있고, 우측 작은 바위도 갈라져 있다.

반대쪽의 모습이다. 작은 바위들이 아래에 놓여 있는데 고인돌과 유사한 형태다. 두 바위 윗부분에 착암기 자국이 하나씩 나타나 있다.

큰 바위를 살펴보자.

착암기 구멍 자국이 선명하며, 이 자국을 따라 바위가 균열돼 있다.

착암기 자국 옆에 구멍이 뚫려 있는데, 자연적으로 뚫린 구멍은 아닐 것이다. 비교하듯 착암기 구멍 옆에 뚫어 놓은 둥글지 않은 구멍은 착암기 없이도 바위에 구멍을 뚫을 수 있었음을 증명한다.

착암기 구멍은 현대의 흔적이 아닌 고인돌 조성 당시의 것으로 보인다.

착암기 구멍을 따라 바위의 ⅓ 정도가 분리돼 나갔고 이를 활용해 형상을 표현하고 있기 때문이다.

착암기 구멍을 따라 갈라진 균열선이 인물상의 눈을 나타낸다.

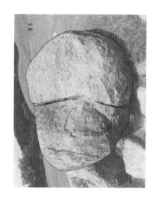

착암기 구멍을 따라 균열된 선이 인물상의 윤곽선을 이루고, 눈과 코, 입을 조각하듯 새겼다.

작은 바위에도 착암기 구멍 자국이 있고, 이에 맞추어 바위가 잘려 있다.

착암기 구멍이 우측 눈을 나타낸 인물상이다.

위쪽에 위 인물상의 눈을 나타내는 착암기 구멍이 입을 이루는 형상이 중첩해 있다.

고분에 위치한 고인돌처럼 옮겨 놓은 듯한 바위에 나타난 착암기 구멍이 인물
상을 표현하는 기능을 하므로 현대의 것은 아닌 것으로 판단된다. 현대에 고분
에 놓인 바위에 착암기로 구멍을 뚫을 이유가 없다.

착암기 구멍이 고대의 흔적인 것은 바위를 도려내듯 잘라낸 것에서도 확인할
수 있다.

착암기 구멍이 나타난 면의 바위 일부가 ⅓ 정도 떨어져 나갔다.

현대에 이런 방식으로 바위의 일부분만 도려내려면, 잘린 면 위에 드릴이나 쇠
쐐기 자국이 다수 남아 있어야 한다. 바위를 도려내듯 일부분만 잘라 내려면 일
자로 자르는 것보다 더 많은 수의 쇠쐐기가 필요하다. 그러나 그런 흔적이 없다.

화순 이십곡리고인돌에도 이와 유사한 현상을 볼 수 있다. 하나의 착암기 구
멍 자국이 나타나고 구멍을 따라 바위가 잘렸는데, ⅓ 정도가 도려내듯 잘려 나
갔다. 마찬가지로 쇠쐐기 자국이 없다.

송현동 고분이 고인돌과 밀접한 관련이 있을 것으로 앞에서 추정했다.

착암기 구멍도 현대가 아닌 고인돌이나 고분을 조성할 당시에 형성된 것으로
추정할 수 있다.

이상에서 살펴본 현상들이 한 고분군에 우연히 나타나지는 않았을 것이다.

이들이 생명형상을 표현하는 기능을 하므로, 현대가 아닌 고분 조성 당시에 형성되었음이 증명된다.

앞에서 고분이 무덤이 아닌 것을 살펴보았는데, 창녕고분도 무덤이 아닌 것으로 보인다.
앞에서 창녕 송현동 15호분에서 4구의 순장 인골이 나왔는데, 주곽에서는 인골을 확인할 수 없다면, 이는 무덤이 아님을 의미한다고 설명했다.

무덤처럼 보이도록 의도적으로 조성해서, 주변 바위에 당시에 과학기술문명이 발달했음을 증명해 놓은 것으로 판단된다.

고분은 고인돌 등 다른 유적과 더불어 고대의 비밀을 밝힐 수 있도록 조성해 놓은 여러 열쇠 중의 하나인 듯하다.

7장 서울 석촌동고분

1. 잘린 바위의 의미

서울 석촌동 고분군에 게시된 안내글의 내용이다.

"서울 석촌동의 옛 이름은 돌마리였다. 1911년 실시된 석촌리 일대 지표조사 기록을 보면 석촌동과 가락동 일대에 백제 무덤들이 293기 이상이 있었다. 그러나 1970년대 '잠실지구 종합개발계획'이라는 급격한 도시 개발로 백제의 무덤들은 대부분 사라지고 말았습니다."

돌로 쌓은 석촌동 고분군의 모습이다.

가장 규모가 큰 3호분의 모습이다.

석촌동 고분군의 3호분 안내판 내용이다.

"이 무덤은 동서방향의 길이가 50.8미터, 남북방향의 길이가 48.4미터로 추정되는 사각형의 계단식의 돌무지무덤이다. 무덤이 훼손된 뒤에 발굴조사를 했기 때문에 주검이 묻힌 곳은 찾지 못했다."

석촌동 3호분의 1984년 발굴조사 전경을 보자.

도굴되지 않은 상태에서 정식 발굴로 주검이 묻힌 곳, 즉 무덤방을 찾지 못했다면 무덤이 아닐 가능성이 크다.

석축 근처에 바위들이 놓여 있는데, 장군총의 호석처럼 무너지는 것을 막는 기능을 하는 듯하다. 높이가 낮아 석축에 기대지 않고, 지형이 밀리는 것을 막도록 바닥에 배치한 것으로 추정된다.

호석의 앞쪽에도 바위가 보인다.

석축과 거리가 멀어 호석의 기능과 관련이 없는데 왜 배치했을까.

다음 바위의 잘린 부분은 자연적 현상으로 보이지 않는다. 거대한 인공석조물 앞에 인위적으로 배치한 바위이므로, 인공적으로 자른 것으로 추정된다.

기계로 자른 것이 아닌데 어떻게 이처럼 반듯하게 도려내듯 바위를 잘랐을까. 과학문명이 발달하고 다양한 기법과 기술이 발달한 현대에도 기계를 사용하지 않고서는 가능하지 않을 일이다.

현대에 가능하지 않을 일을 고대 언젠가 행했다면 현대인이 고대에 대해 잘 알지 못한다는 것을 인정해야 하지 않을까.

2. 연접분

2015년 석촌동 1호분의 북쪽 잔디광장에서 직경 25㎝의 동공이 발견되었다. 관련 기사는 이에 대해 "도굴 가능성뿐만 아니라 당시 석촌호수 주변에서 심심찮게 나타나던 싱크홀일 수 있다고 추정했다."[29]

아랫부분이 함몰되어도 뿌리가 서로 얽혀있어서 위를 덮은 잔디는 남아 있어야 할 것이다. 다른 3면과 달리 한쪽의 잔디는 인위적으로 제거된 것이 뚜렷하다. 단순 싱크홀보다 도굴 등의 인위적 현상으로 보인다.

이를 계기로 2015년 주변을 발굴했는데, 현장 모습은 인위적으로 깔린 돌이 계속 이어지며 연접식 돌무지무덤(이하 연접분)이 노출되기 시작했다 한다. 위 동공이 없었다면 현재까지도 발견되지 않았을 수도 있다.

29 이기환, "석촌동은 '백제 리즈 시절' 증언…한성백제판 '대릉원' 연접분의 정체" 경향신문, 2021년 2월 9일, https://www.khan.co.kr/culture/culture-general/article/202102090600001

기사의 내용을 더 보자.

"석촌동 고분군에서는 돌무지무덤을 계속 이어서 조성한 이른바 연접분이 확인됐다. 모두 16기의 돌무지무덤이 10기의 연접부로 이어져 있었고, 중간중간에 제사 행위를 펼친 것으로 보이는 제의공간이 3곳이나 보였다. 연접분의 폭은 40m, 길이는 100m에 달한다."

이런 연접분의 돌의 배치가 일정한 형태를 이루는 듯하다.
나타난 그대로 살펴보면 인물상처럼 보인다.

안내판에 게시된 사진은 위의 곳을 반대 방향에서 바라본 것이다.
마찬가지로 전체적인 형태가 인물상을 나타내는 듯하다.

기사를 더 보자.

"몇몇 돌무지무덤을 연접하여 조성한 뒤 일종의 장례의식을 치를 공간으로 보이는 매장의례부가 3곳 노출됐다. 이 매장의례부에서 다양한 유물들이 쏟아져 나왔다. 이중 용도를 알 수 없는 정체를 알 수 없는 토제품도 나왔다.

발굴단이 경악한 것은 총 4.3kg에 달하는 인골이 이 매장의례부에서 나왔다는 점이다. 무엇보다 이 인골들은 예외없이 잘게 부스러진 파편 상태로 흩어져 출토됐다. 7cm 이상의 인골편은 보이지 않았다. 또 절대다수 인골의 색이 유백색이었다. 이것은 모두 600도 이상의 고온으로 불에 데운 것을 의미한다."

매장의례부는 연접분 사이의 돌이 비어 있는 지점이다. 유물과 인골편이 무덤으로 생각되는 돌무지 아래에서 나오지 않고 돌이 없는 부분에서 나온 것은 무엇을 의미할까.

가장 규모가 큰 3호분에서 무덤방을 발견하지 못했다 하는데 일맥상통하는 바가 있다. 돌무지가 무덤이 아님을 증언하는 것으로 보인다.

유해라면 시간이 흐름에 따라 크게 변하므로 자연스러운 현상인지 의도적인지가 불분명할 수 있다. 그리고 진흙으로 덮는 등의 보존 조치가 따르지 않으면, 산성 토양인 우리나라에서 인골이 남기 어렵다.

따라서 형태적으로 변화가 거의 없는 화장한 작은 유골을 배치한 듯하다. 이는 분명한 의도가 있었음을 나타낸다.

그 화장 유골과 유물을 돌무지 아래가 아닌 돌무지가 없는 지점에 매장해서 돌무지가 무덤이 아님을 증명하고 있는 것으로 해석된다.

이는 무덤방이 발견되지 않는 거대한 규모의 3호분 또한 무덤이 아님을 의미한다.

석촌동 고분군 또한 무덤이 아니며 무덤 형식을 차용해서 조성해 놓은 유적으로 추정된다.

3. 유물의 생명형상

석촌동 고분군에는 독무덤(옹관묘)도 있다.

대규모의 석축분과 소소한 독무덤은 어울리지 않는다. 고분군에서 독무덤이 함께 발견되는 경우가 있는데, 고분군이 무덤과 관련 없이 의도적으로 조성되었음을 나타내는 표시의 의미가 있는 것으로 추정된다.

전작에서 영산강 지역의 대형옹관이 균열된 선이나 매장된 형태를 이용해 형상을 나타낸다고 설명했다. 석촌동고분의 독무덤도 유사하게 형상을 나타내는 듯한데, 확정할 수 없다는 전제하에 살펴보자.

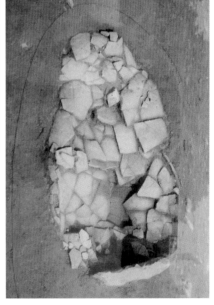

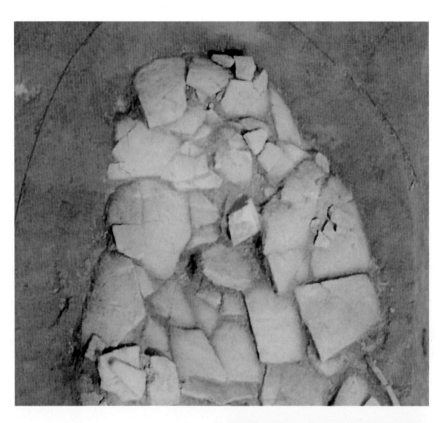

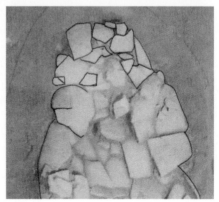

앞의 기사에서 "용도를 알 수 없는 토제품"이라 언급한 토제품을 보자.

양쪽으로 구멍이 눈을 나타내는 형상이 나타나 있다.
사람 형태가 아니므로 생명형상이란 표현이 적합하다.

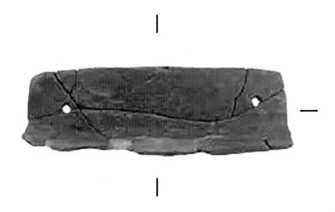

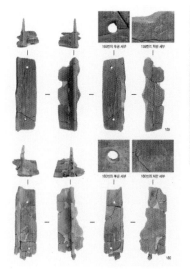

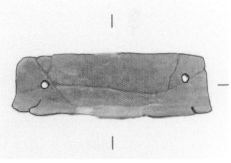

석촌동고분 출토 청자를 보자(안내판).

균열선이 윤곽을
나타낸 인물상이다.
  고대 청자의 균열
선이 뚜렷한 형상을
새겨, 생명형상과
관련 있음이 명백히
드러난다.

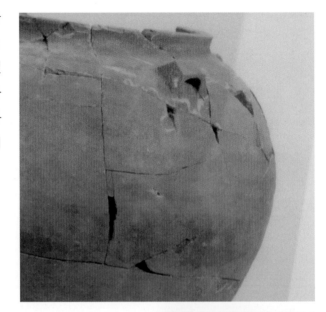

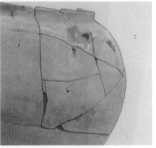

3호분 석축의 바위에 특이물질이 보인다.

근래에 우연히 묻었다고 하기에는 너무 뚜렷하게 형상을 나타낸다.

눈이 뚜렷하게 표시된 형상이다.

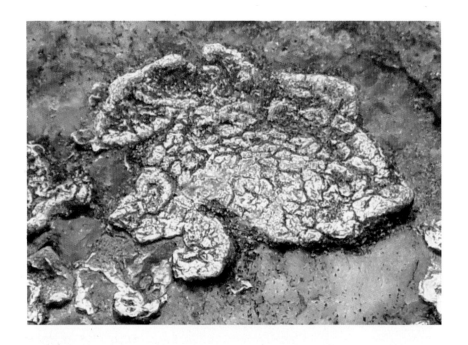

합성물질로 보이는데, 성분에 대한 조사가 필요해 보인다.

전작에서 고인돌 표면에 나타난 합성물로 보이는 물질들이 현대가 아닌 고인돌 조성 당시의 것으로 분석했다.

이 물질이 근대의 것이 아니라면, 고대 어느 때인가 합성물질을 제작할 수 있었으며, 과학 문명이 발달했음이 물증으로 확인되는 것이다.

8장 기획하에 조성된 조개더미유적

1. 의도적인 조성의 증거

고분이 무덤이 아니며 무덤 양식을 차용한 유물의 전달 창구임이 밝혀졌다. 이런 현상은 더 이전 시대로부터 맥이 이어져 온 듯하다. 선사시대 조개더미유적도 이에 해당한다.

전작에서 선사시대 조개껍질을 버린 쓰레기장으로 알려진 조개더미유적(패총)은 의도적으로 조성해 놓은 유적임을 살펴보았다.

경남대박물관에 게시된 글에서 무덤이 발견되어 패총이 단순한 쓰레기장이 아니라는 설명도 보았다.

여기에서는 전작에서 검토하지 않은 창녕 비봉리패총을 대상으로 쓰레기장이 아닌 의도적으로 조성해 놓은 유적임을 살펴보기로 하자.

비봉리패총 안내판이다.

> 창녕 비봉리 패총은 선사시대에 인류가 버린 조개껍데기와 생활 쓰레기가 쌓여 만들어진 유적이다. 마치 무덤처럼 보여 조개 무덤 또는 조개무지라고 한다.
> 비봉리 패총은 내륙 지방에서 처음 발견된 신석기시대 유적으로 기원전 7,700년 무렵부터 청동기시대까지 오랜 기간에 걸쳐 만들어졌다. 현재 이 패총은 신석기시대의 표준 연대 자료로 활용되고 있다.
> 비봉리 패총에서는 빗살무늬토기와 함께 우리나라에서 가장 오래된 나무 배, 편물 기술*을 보여주는 망태기, 동물 배설물이 화석처럼 굳은 분석(糞石), 대규모 도토리 저장시설 등이 확인되어 당시의 식생과 생활상을 연구하는 데 중요한 자료로 평가된다. 또한 저습지에서 발견된 동식물 자료를 보면 신석기시대에는 낙동강 중류까지 바닷물이 들어왔음을 알 수 있다.
> 비봉리 패총은 배수장을 건립하는 과정에서 발견되어 현재 창녕 비봉리 패총 전시관에 전시·보존되고 있다.
>
> * 편물 기술: '뜨개질'을 전문적으로 이르는 말

비봉리패총은 지금은 반듯하게 정비되어 있지만, 배수장이 설치되었던 저습
지였다. 김해박물관에 게시된 설명을 보자.

"창녕 비봉리 조개더미 퇴적층의 두께는 무려 7m에 달합니다. 대략 1만여
년의 시간 동안 쌓인 흙으로 주로 신석기시대 이른 시기에 해당합니다. 이 유
적의 퇴적층 규조 분석 결과 바닷물과 민물이 만나는 해역으로 밝혀졌습니
다."

비봉리패총 전경과 전시관의 모습이다.
비봉리패총 전시관은 패총보다 약간 높은 지형에 위치하는데, 뒤쪽은 산지로
이어진다. 주거 공간이 확보되기 어려운 지형으로 보인다.

퇴적층 규조 분석 결과 바닷물과 민물이 만나는 해역으로 밝혀졌다는데, 이에 의문점이 있다. 바다 조개껍질에는 규조류가 묻어 있을 것이다. 따라서 바다 조개껍질을 어떤 이유로든 모아놓으면 주변 토양에서 규조류가 검출될 수 있다. 따라서 조개껍질이 쌓인 곳에서 규조류가 검출되었다 해서 이곳이 바다였다고 단정 지을 수 없다.

이 연장선에서 밀양지대까지 바다였다는 다음의 글도 무리다.[30]

> "비봉리 일대의 내륙이 신석기시대 바다였다는 사실은 자연과학 연구로도 입증되었다. 바닷가에만 서식하는 규조류가 비봉리패총에서 검출된 것이다. 이로써 후빙기 혹은 신석기시대에 창녕이나 밀양 일대까지 바닷물이 들어온 사실이 밝혀졌다.
>
> 이는 현재의 바닷가뿐만 아니라 낙동강 중하류 주변의 내륙에도 신석기시대 패총이 존재할 수 있음을 뜻한다. 실제로 비봉리 발굴 이후 경남 밀양에서도 신석기시대 패총이 발견되었다."

비봉리 일대와 밀양지대까지 바다였다면, 이들 패총 이외의 지역에서도 바다 조개 껍질이 발견되거나, 퇴적층에서 규조류가 발견되는 등, 그 흔적이 광범위하게 나타나야 할 것이다. 이런 증거 없이 패총의 규조류만으로 이들 지역이 바다였다고 단정하기 어렵다.

조개는 쉽게 상하므로 패총은 바닷가에 위치해야 하고, 실제로 비봉리와 밀양 외에 다른 지역의 패총은 모두 바닷가에 위치한다.

그러기 때문에 이 같은 무리한 추정이 나오게 되었을 것이다.

관련 글을 더 보자.

30 김상운, 『국보를 캐는 사람들』(파주: 글항아리, 2019), pp. 264~266.

"신석기 초기부터 말기까지 거의 모든 시기의 토기가 비봉리유적에서 출토 된 것은 의미가 적지 않다. 고고학에서 토기는 해당 유적층의 연대를 가늠하 는 핵심 기준이다. 비봉리에서는 기원전 5700년부터 기원전 1890년에 걸쳐 5개의 패각층에서 토기들이 각각 나왔다. 이러한 변화 양상은 남해안 일대의 다른 신석기시대 유적에서도 확인되었다."

이 설명에는 모순이 있다.

비봉리 지역까지 바다였다면, 당시의 해수면이 지금의 해수면보다 크게 높았 다는 의미가 된다. 그런데 해수면이 이처럼 높아지면 현재의 남해안 일대나 섬 의 저지대의 패총은 물에 잠기게 된다. 패총이 형성될 수 없는 것이다. 형성되었 던 패총도 파도에 의해 사라질 것이다.

신석기시대 해수면이 지금과 같아야 현재 존재하는 저지대의 바닷가 패총이 존재할 수 있다.

비봉리패총의 토기의 변화 양상이 남해안 일대의 다른 지역에서도 확인된 다 하므로, 비봉리패총과 남해안 일대의 패총이 같은 시기에 존재했음이 분명 하다.

따라서 적어도 어느 한쪽은 인위적으로 조성해야 현재와 같은 패총의 분포 가 가능해진다. 패총을 인위적으로 조성했음이 토기 분포로 증명된다.

비봉리나 밀양 지역까지 바다였다는 분석은 패총은 바닷가에 형성되는 것이 라는 전제에 따른 무리로 보인다.

비봉리나 밀양 지역의 패총이 생활의 결과에 따른 자연스러운 쓰레기장이 아 니라, 의도적으로 조성되었을 수 있음을 전혀 상상하지 못했기 때문에 발생한 결과다.

바닷가가 아닌 내륙의 창녕 비봉리나 밀양 지역의 패총은 그 자체뿐만 아니 라, 모든 패총은 인위적으로 조성된 것임을 증명하는 증거로 조성해 놓은 것으 로 추정된다.

전시관에 재현해 놓은 패각층을 보자. 매우 작위적인 모습이다.

그렇게 할 이유도 없지만, 바닷가였거나 저습지라면 들어가서 조개껍질을 고르게 펼치기 어렵다. 따라서 조개껍질은 가까운 위치를 중심으로 수북히 쌓이기 마련이다. 그런데 얇게 넓은 지대에 걸쳐 균일하게 쌓인 모습이다. 여러 시기에 걸쳐 형성된 패각층이 모두 비슷하다.

인위적, 의도적으로 조성하지 않고서는 나타나기 어려운 모습이다.

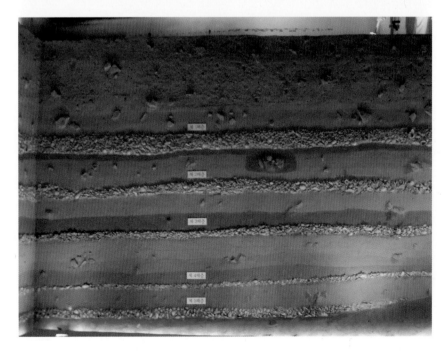

온전한 형태의 도토리 저장 구덩이가 발견되었다.

관련 글을 보자.[31]

"온전한 형태의 도토리 저장 구덩이 87개를 무더기로 발굴해 낸 것도 의미 있는 성과다.

신석기인들은 채집한 도토리의 떫은맛(타닌 성분)을 없애기 위해 소금기가 있는 바닷물에 담가놓은 뒤 나중에 이를 꺼내 먹었다. 바닷물이 드나드는 해안가에 구덩이를 파놓은 이유다. 따라서 도토리 저장 구덩이의 개별 위치를 구체적으로 파악하면 신석기시대 당시의 해안선을 그려낼 수 있다."

이 설명에 모순되는 부분이 있다. 바닷가는 파도가 치며, 특히 바람이 강할 때 파도의 힘은 굉장하다. 이런 위치에 도토리를 보관할 수 없다. 박물관의 그림을 보아도 구덩이를 덮은 나뭇가지나 도토리가 파도에 쓸려가지 않을 수 없다. 당시 비봉리 지역이 바다였다는 추정 때문에 이처럼 무리한 해석이 나오게 되었을 것이다.

31 김상운, 『국보를 캐는 사람들』(파주: 글항아리, 2019), pp. 264~266.

2. 유물의 생명형상

개의 똥화석(분석)이 발견되었는데, 노지에 노출된 조개껍질더미 위의 똥이 굳어 화석화되는 현상은 상상할 수 없어서 의문이다. 인위적으로 굳힌 후 매장한 것으로 추정함이 타당하다.

따라서 똥화석은 패총이 생활의 결과로 나타난 자연적인 유적이 아님을 직접적으로 증언한다.

통나무 배의 잔해가 서로 겹쳐진 상태로 발견된 것도 자연스럽지 않다.

긴 배의 다른 위치의 목재가 자연적으로 이동해 겹쳐졌다기보다 인위적으로 배의 목재를 배치한 것으로 추정된다. 도토리가 그대로 남아 있는 환경임을 감안하면, 배의 다른 부분 목재가 자연적으로 사라졌다고 보기도 어렵다.

(이와 관련해 필자는 전작에서 김해박물관에 재현해 놓은 배를 진품으로 오인해, 목재가 여전히 생생하다고 잘못 분석하였다. 진품은 중앙박물관에 보관되어 있다 한다.)

유물에 새겨진 생명형상은 패총이 의도적으로 조성되었음을 증언한다.

다음 토기 조각은 뒷부분이 반듯해서 인위적으로 다듬었음이 분명하다.

옆으로 돌리면 인물상이 뚜렷하다.

다음 토기에 그어진 짧은 선들이 우연히 그어지지는 않았을 것이다.
선들이 인물상을 나타낸다.

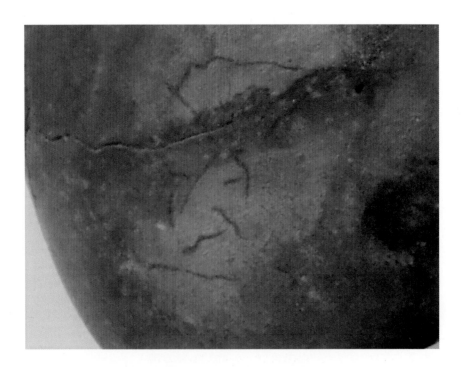

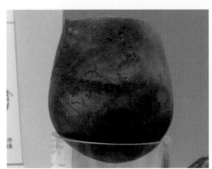

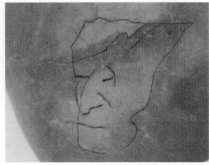

3. 울산 약사동 제방의 조개껍질

울산 약사동 제방유적에 비봉리패총과 유사한 형태로 조개껍질이 나타나 있으므로 살펴보자.

약사동 제방의 모습이다. 아래쪽 시멘트 구조물 사이로 약사천이 흐른다.

약사동 제방유적은 약사동 혁신도시 부지 내에서 발견되어 2010년 공개되었다. 그 이전까지는 그 존재를 전혀 몰랐다 한다.

관련 기사를 보자.[32]

"발견했을 당시 성이나 제방 중 하나일 것으로 추정했는데, 조사 결과 인근에 여수로 등이 발견돼 제방으로 결론 내렸다. 이 제방은 각종 문헌에 기록이 없고, 1918년 일본이 만든 대전지도에도 이미 약사천과 도로가 형성된 것으로 나타난 점으로 미뤄 어느 순간 둑이 터지면서 용도 폐기됐던 것으로 보인다."

발견 당시 어떤 용도인지 불분명했으나, 하천을 가로막는 형태로 축조되었고, 만수 시 물이 흘러나가는 여수로가 발견돼 제방으로 결론내린 듯하다.

어느 순간 둑이 터지면서 용도 폐기된 것으로 추정하는데, 발견 당시 약사천 물이 제방에 막힘이 없이 아래쪽에 크게 뚫린 구멍을 따라 흐르고 있었기 때문에 이처럼 추정한 듯하다.

그러나 제방으로 결론 내리기에는 의문점이 있는데, 그것은 수문의 존재가 확인되지 않았기 때문이다.

저수지가 그 기능을 다하려면 제방과 더불어 두 가지 시설이 필요하다.

첫째 여수로다.

물이 제방을 넘치게 되면 제방이 붕괴된다. 따라서 만수위가 가까워질 때 물이 흘러나가는 여수로가 필요하다.

둘째 수문이다.

수문이 있어야 가둔 물을 가뭄 등의 필요시 아래로 흘러보낼 수 있다.

---

32 "삼국시대 제방유적 발견" 울산제일일보, 2010.7.7.

수문이 발견되지 않은 점은 제방인지에 여전히 의문을 제기한다.

현대는 시멘트가 있어서 수문을 설치하기 쉽다. 하지만 시멘트가 없다면 이런 시설을 설치하기 난망하다. 흙에 물이 스며들면 무너질 것이기 때문이다.

수문을 설치한 흔적이 없다면 저수지의 제방이 될 수 없다.

제방도 아니라면 그 실체는 무엇일까?

그런데 이곳에 조개껍질로 이루어진 패각층이 있어 의문이다.

전시관에 실제의 제방 단면을 잘라서 그대로 옮겨 놓았는데, 이곳에 나타난 패각층을 살펴보자.

전체 제방 단면의 모습이다. 우측 아랫부분에 패각층이 보인다.

패각층의 모습이다.

비봉리패총과 유사하게 얇게 층을 이룬다. 이런 패각층을 여러 층 형성하면
비봉리패총과 유사한 모습이 된다.

패각층은 물에 접하는 안쪽 부분에 깔려 있는데, 토층 간의 결합력을 높여 제방을 튼튼하게 만들기 위해서라고 설명한다.

이에 대한 제방유적전시관의 안내문을 보자.

"제방 패각층은 제방의 아랫부분에 조개껍데기로 이루어진 층을 말한다. 패각층에는 참굴이 가장 많이 출토되었고, 피뿔고동, 백합, 재첩, 가무락 조개 등 다량한 조개류가 확인되었다.

또한 과일 씨앗, 소 아래턱뼈과 앞니, 말 앞다리뼈, 광어뼈가 발견되었다.

토층 간의 결합력을 높여 제방을 튼튼하게 만들기 위해서 조개껍질 등을 제방에 두껍게 간 것으로 보인다."

그러나 이 패각층이 제방을 튼튼하게 만든다고 할 수 없다. 제방 전체 높이에 비해서 패각층의 두께가 너무 얇기 때문이다. 전체 높이에 비해 얇아서 토층 간의 결합력을 높인다 해도 큰 의미가 없어 보인다.

그리고 패각층이 토층 간의 결합력을 높인다는데, 실험으로 확인된 것인지 의문이다. 상식적으로는 조개껍질과 토층은 결합력이 낮아 물이 닿으면 조개에 묻은 흙이 씻겨나갈 것이다. 제방을 튼튼하게 하는 것과 오히려 반대로 작용할 것으로 생각된다.

제방이라면 패각층이 오히려 제방을 약하게 할 것이고, 실제로 물이 고였다면 이 패각층의 흙이 씻겨나가며, 제방이 무너졌을 수도 있다고 추정된다.

그렇다면 제방이 아니면서 제방처럼 쌓아놓은 둔덕에 나타난 패각층의 정체는 무엇일까.

이 패각층에서 조개류 외에 과일 씨앗, 소 아래턱뼈과 앞니, 말 앞다리뼈가 발견되었다는데, 무슨 이유일까?

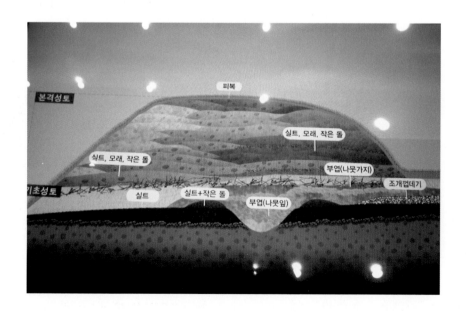

과일 씨앗이나 동물뼈는 패총에서도 발견되므로 양자는 유사하다.

형태적으로도 비봉리패총의 패각층과 유사해서, 패총 또한 이 제방과 같은 방식으로 조성되었음을 암시한다. 인위적으로 조성했다는 것이다.

약사동 제방은, 제방에 나타난 패각층처럼 패총도 유사한 방식으로 의도적으로 조성해 놓았음을 유추할 수 있도록, 조성해 놓은 것으로 추정해 볼 수 있다. 양자는 거리적으로도 가깝다.

약사동 제방이 고대유적과 관련 있음을 그 축조 방식에서도 확인할 수 있다. 약사동 제방의 구조에 대해 전시관에 게시된 설명을 보자.

"제방의 전체 길이는 약 155m이고, 사다리꼴 모양으로 된 제방 옆면의 폭은 25~37m이다. 현재 남아 있는 제방 높이는 8m이다.

겉에서 보면 제방은 단순한 흙으로만 되어 있는 것 같지만, 내부는 실트층, 패각층, 심, 부엽층, 성토층 등 복잡한 구조로 되어 있다."

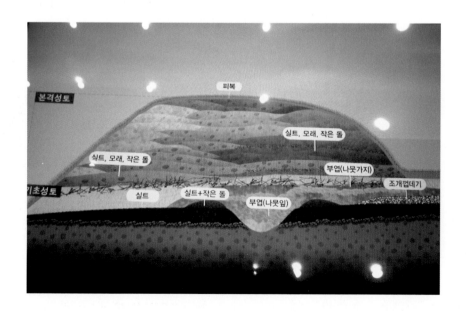

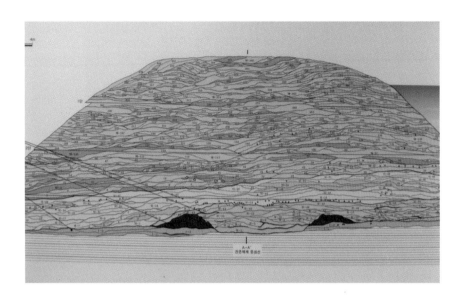

약사동 제방과 유사한 형태를, 봉분없이 발견된 창녕 67호분 자리에 대신 조성해 놓은, 7호분의 봉분 단면에서 볼 수 있다.

일률적으로 같은 토양을 쌓지 않고 다른 토양을 서로 맞물리듯 엇갈리게 쌓았다.

창녕 고분 봉분의 축조 방식이 약사동 제방과 유사하다. 약사동 제방의 축조 방식이 고분과 연결된다.

따라서 패총이 고분과 관련 있음도 알 수 있다.

다른 성분의 흙이 엇갈리듯 쌓인 제방의 구조가 형상을 나타내는 듯하다. 확정할 수는 없지만, 참고로 나타난 그대로를 살펴보자.

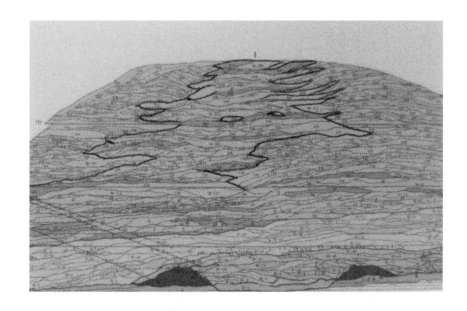

보이지 않는 땅속에 형상을 왜 조성했을까.

지금 우리는 그림으로나마 그 형태를 보고 있다. 이처럼 알아볼 수 있을 때를 겨냥해서 형상을 조성해 놓은 것으로 추정된다. 그 시기가 지금이어서 형상은 현대를 겨냥해 제작되었을 것으로 추정할 수 있다.

전시관에 옮겨 놓은 실제 제방의 단면에서도 엇갈리듯 쌓은 다른 종류의 흙이 나타내는 형상을 볼 수 있다.

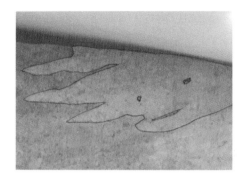

단면에 나타난 다음의 선들은 우연히 나타나기 어렵다. 흙을 교차로 쌓은 곳을 잘라서 나타나게 된 것으로 보인다.

선이 형상을 나타낸다. 위쪽에 작은 인물상이 중첩해 있다.

위의 선이 인위적으로 생성되었음을 고령 지산동고분에서 확인할 수 있다.

고령 대가야왕릉전시관에 지산동 518호분의 구획흙덩어리 일부를 잘라서 그대로 옮겨 와 전시해 놓았다. 설명글과 사진을 보자.

"지산동 518호분의 봉토를 쌓을 때, 흙덩어리로 구획을 나눈 구획열의 일부이다. 대형고분을 만들 때 작업의 효율성을 높이고 사후 책임을 묻기 위해 마치 케이크 조각처럼 담당구역을 나누는데 이것을 구획성토라 한다."

대형고분 전체를 케이크 조각처럼 담당구역을 나누었다면 이해할 수도 있으나, 이렇게 작고 불규칙한 모양으로 구획을 나눈다는 설명은 너무 낭만적이다.

기록 등의 증거가 없다면 이는 막연한 추정에 불과하다.

구획을 나누려면 반듯한 선을 긋는 것이 더 효율적이며 이처럼 복잡한 형태를 갖출 이유가 없다.

전시관에 옮겨져 있는 실물 구획흙덩어리의 일부다.

좌측에서 보면 약사동 제방 단면에 나타난 선과 유사한 선이 보인다.
구획흙덩어리를 자르니 단면에 구획된 형태에 따라 선을 나타내는 것이다.
이 선이 뚜렷하지는 않으나 인물상을 나타내는 듯하다.

위의 곳을 다른 방향에서 보면 전체로 인물상을 나타내는 듯하다.

확정할 수는 없지만 이런 선들이 형상을 나타내도록 형성되었을 수 있음을 보기 위해 참고로 살펴보자.

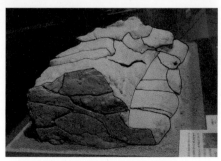

구획을 위한 흙덩어리가 아니라 형상을 나타내는 작품임을 알 수 있다.

이를 감안하면, 흙을 엇갈리게 쌓은 약사동 제방 단면에 나타난 형상과 선 또한, 의도된 인위적인 현상임이 분명하다는 결론이다.

약사동 제방은 제방으로 축조된 것이 아닌 듯하다. 수문이 없음이 이를 증명한다.

처음부터 아래로 약사천이 막힘없이 흐르도록 조성된 듯하다. 이는 시멘트 구거 사이로 물이 흐르고 있는 현재의 상태와 다르지 않다.

그런 의미에서 일종의 다리와 같다고 할 수 있다.

물이 흐르더라도 흙이 무너지지 않으려면, 현재의 시멘트 구조물처럼 물이 흐르는 주변이 무너져 내리지 않도록 단단하게 축조할 필요가 있다. 흙을 돌처럼 단단하게 굳히는 등의 조치가 필요할 것이다.

이러한 점들을 고려하면, 저수지의 제방처럼 물을 가두는 기능을 염두에 두고서, 제방을 튼튼하게 하기 위해서 패각층을 조성했다는 설명은 맞지 않다.

제방을 튼튼하게 한다는 의미조차 사라진 패각층을 조성한 이유는 이제 자명해 보인다. 패총을 의도적으로 조성해 놓았음을 증명하기 위해 조성해 놓은 것으로 추정된다.

그 축조 방식이 고분과 관련성이 있는데 이는 패총과 고분 또한 관련성이 있음을 의미한다. 패총은 독립된 유적이 아니라 고대의 다른 유적과 밀접한 관련이 있는 듯하다.

패총의 전통이 고분으로 이어지고 있다고 판단된다.

비봉리패총의 패각층과 유사하게 조성해 놓은 약사동 제방의 패각층을 통해, 비봉리패총과 나아가 모든 패총이 의도적으로 조성해 놓은 유적임이 또 한 번 증명된 듯하다.

그리고 그 맥이 고분으로 이어지고 있음도 증명된 듯하다.

9장 산성유적지

산성에서 고분이나 거주지 유적에서처럼 석재품이나 토기, 목제품 등의 고대 유물이 출토되는 경우가 있다.

산성에서 생활의 흔적인 생활용품이 유물로 발견되는 것은 당연한데, 때로는 산성의 규모에 비해 과한 양의 유물이 출토되기도 해서 의문이다.

앞에서 고분이나 조개더미유적의 유물을 의도적으로 조성해 놓았음이 밝혀 졌으므로, 산성에서 출토되는 유사한 유물도 의도적으로 매장해 놓은 것인지 살펴볼 필요가 있다.

산성유적지는 무덤이나 거주지, 그리고 쓰레기장으로 알려진 조개더미유적 과 다른 형태의 유적이므로 이들 유적지와 비교 연구가 가능하다는 점에서 중 요하다.

여기에서 산성유적지를 자세하게 살펴볼 수는 없으므로, 유물이 생활의 결과 에 따른 자연적인 것인지, 의도적으로 조성해 놓은 것인지와 관련해서만 간략하 게 살펴보기로 한다.

1. 함안 성산산성

함안 성산산성에서 300여 개가 넘는 목간이 발견되었는데, 이는 지금까지 발견된 목간의 절반을 넘는 양이라 하므로 특이하다. 당시에 목간이 보편적으로 사용되었다면, 부식돼 사라진 것을 감안하더라도 다른 유적지에서도 다수 발견되어야 할 것이다. 넓지 않은 산성에서 이처럼 절반을 넘는 수량이 출토되는 것은 자연스럽지 않다.

"함안 성산산성 제18차 학술발굴조사 현장공개회(20.12.23)" 영상에서 관련 내용을 요약해 보자.

"성산산성은 전체가 석축산성을 이루어져 있는데, 여기가 모두 흙으로 덮여 있기 때문에 토석 혼축성이라 생각했었습니다. 그런데 정작 발굴을 하고 보니까 내부에는 점판암으로 만든 석성이 차곡차곡 쌓여 있고, 너비는 아마 7~8.5m정도의 굉장히 넓은 너비를 갖추고 있고."

"이 성산산성 같은 경우는 기존의 발굴조사를 통해 조사를 해 보니 전형적인 형태의 집수지가 나온 것이 아니라, 구덩이를 파고 외곽으로 돌아가면서 돌을 쌓아놓은 것과 같은 이런 시설들이 확인되는 것이 대단히 의아한 부분이었습니다.

왜냐하면 고대 성곽의 경우 성벽을 만들 때 집수시설을 만들면서 성벽을 쌓은 기법과 거의 동일한 석재와 같은 쌓기 방법으로 집수지를 원형이나 방형으로 만들었는데, 여기는 아직 그와 같은 구조가 확인되고 있지 않습니다.

이것이 과연 처음부터 없었는지, 아니면 있었는데 아직 조사를 통해서 확인하지 못한 것인지 꼭 확인되어야 한다고 생각합니다."

"그렇지만 이 성이 가지고 있는 전체적인 위치, 성 내부에서 나오는 여러 가지 목간을 봤을 때 아직도 우리 성 내부에서 목간과 관련되는 유구가 확인되지 않은 것은 좀 아쉬운 일입니다."

　이상의 현장공개회 내용을 보면 성산산성이 산성으로 필수적으로 갖춰야할 집수시설을 갖추지 않은 것으로 보인다. 집수지 주변을 석재로 쌓지 않는다면 방죽이나 습지와 같이 되어 생활용수나 식수로 사용이 불가할 것이다.
　성산산성은 전형적인 산성과 다른 듯한데, 여기에서 발견되는 목간과 관련된 유구가 발견되지 않는 것도 목간이 자연스러운 사용의 결과물이 아님을 나타내, 성산산성이 일반적인 산성이 아님을 증언한다.

　성산산성의 전체적인 모습을 보면 성곽 부분이 낮아 성곽의 역할을 할 수 있을지 의문이다. 한쪽 방향은 특히 산의 경사가 완만해서 전쟁에 대비한 산성으로서 의미가 없어 보인다.

　전쟁에 대비한 산성으로서 역할을 할 수 없음이 분명한데, 산성과 같은 형태로 조성해 놓은 이유는 무엇일까. 단순히 경계선을 나타내는 담장이라면 이처럼 힘들여 성곽을 쌓을 이유가 없을 것이다.

석축산성이 모두 흙으로 덮여 있어 토석 혼축성으로 보였다 하므로 왜 성곽을 모두 흙으로 덮었는지도 의문이다.

성산산성이 주목받는 이유는 목간이 발견되어서다. 목간은 성곽 안쪽의 부엽공법이 사용된 곳

에서 발견되었는데, 이곳에서 다량의 목제품과 동물뼈 유물이 함께 발견되었다.

이에 대해 부엽공법을 위해 인위적으로 목간을 폐기했다고 설명한다.

다른 목제품이나 동물뼈, 토기도 같은 이유로 다져넣은 것이라 한다.

그러나 폐기되지 않은 목간이 발견되지 않음을 고려하면, 폐기한 목간이라 하기 어렵다. 폐기한 목간이 이처럼 많다면 사용 중이었던 목간은 더 많이 발견되어야 할 것인데 그렇지 않기 때문이다.

그리고 부엽공법에 사용할 나뭇가지는 주변 산에서 쉽게 구할 수 있다.

작은 막대인 목간은 서로 얽히는 나뭇가지와 달라서 결합력이 높지 않을 것이므로 부엽공법을 위해 넣었다는 분석은 설득력이 없다.

성곽을 흙으로 덮은 이유가 드러난 듯하다. 목간, 목제품, 토기, 동물뼈 등의 유물을 매장하고 보존하기 위해서임이 분명하다.

성산산성이 일반적인 산성과 크게 다른 점과, 목간이나 목제품이 보존되어 존재를 드러냄을 고려하면, 다른 유적지들처럼 목간과 목제품, 토기, 동물뼈 유물을 보존해 후대에 전하는 목적으로 조성했을 가능성이 크다.

2. 하남 이성산성

이성산성 전경을 보자(『한성백제박 도록』).

성벽이 쌓인 부분이 사진의 앞쪽 일부에 한정돼 있다. 성벽이 쌓인 우측 부분은 급경사여서 접근이 어렵겠지만, 좌측 부분은 완만해서 이 지점에 높게 성곽을 쌓아야만 전쟁에 대비한 성으로서의 역할을 할 수 있을 것이다.

그런데 이 지점에는 성곽이 없는 것으로 보이므로 이성산성은 성으로 보기 어렵다. 이는 앞에서 살펴본 함안 성산산성과 같다.

이성산성은 함안 성산산성처럼 성으로서의 기능보다 다른 목적을 위해 성처럼 보이게 쌓은 듯하다.

이성산성에서도 고대 유물이 출토되었는데 이들 유물을 후대에 전하기 위함인 듯하다.

　유물이 매장되어 있어도 산지임을 고려하면 발견될 가능성은 아주 낮을 것이다. 그러나 성곽이 존재함으로써 유적지로 발굴을 하게 된다.

　산 위에 위치하므로 개발 등의 이유로 유물이 훼손되는 일이 적어 보존에 적합한 측면도 있다.

　한양대학교 박물관 도록에 실린 이성산성에서 발견된 유물을 살펴보자.

　이성산성에서도 함안 성산산성에서처럼 묵서명 목간이 발견되었다.

　발견량이 많지 않은 목간이 이처럼 산성에서 다수 발견되는 것은 자연적 현상은 아닐 것이다.

　목간을 옆으로 돌려보면 균열선들이 인물상의 윤곽선을 나타낸다.

　한자가 쓰인 목간에 나타난 사람형상은 생명형상을 새길 당시에 한자가 사용되었음을 증언한다.

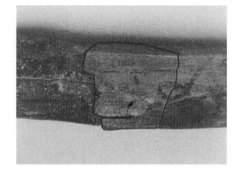

목재 인물상이다.

옆에서 보면 가슴 부위에 나타난 구멍과 색감이 눈을 표시하는 인물상이 나타난다.

자연스럽지 않은 모습의 오른손이 코를 나타내는 인물상이다.
색감이 눈을 나타낸다.

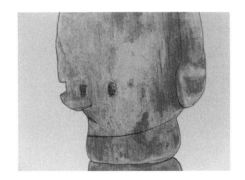

나무팽이다.

옆에서 보면 선이 입을 나타내고, 홈이 눈을 나타내는 인물상으로 보인다.

홈은 실수로 잘라 내 나타난 것이 아님을 알 수 있다.

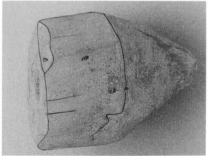

목재빗이다.

반듯한 세로 선을 먼저 그었을 것인데, 가로 선들이 이를 넘어서까지 그어진 이유는 무엇일까. 회전하는 원형의 기계칼로 그었을 때 나타날 수 있는 현상이어서 제작 방법이 의문이다.

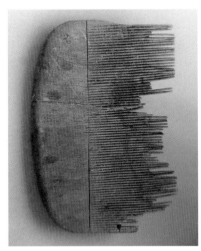 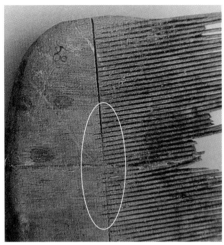

자연적으로 나타날 수도 있으므로 확정할 수는 없으나, 얼룩처럼 보이는 검은 세 원이 두 눈과 입을 표시하는 인물상으로 보인다.

빗의 날들이 뒷머리를 나타내는 듯하다.

점치는 뼈라 한다.

그러나 구멍을 파고 불로 지지면 반대편에 균열선이 나타나는 거북이 뼈와
달라서, 동물뼈의 구멍은 점치는 것과 관련이 없다.

구멍이 두 눈과 입을 표시하는 형상으로 보인다.

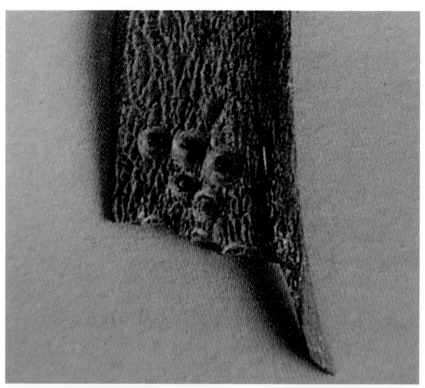

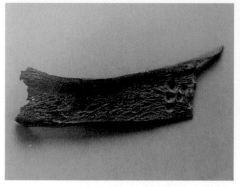
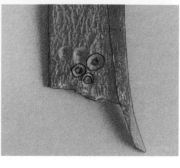

함안 성산산성에서도 구멍이 새겨진 동물뼈가 발견되었는데, 양자의 형태가 유사하다(함안박물관).

목간이 출토된 것과 더불어 두 산성이 동일 주체에 의해 조성되었을 가능성이 크다.

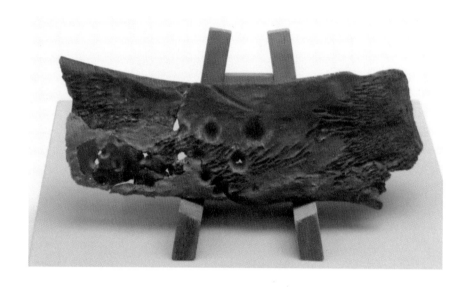

구멍이 두 눈과 입을 표시하는 것이 분명해 보인다.

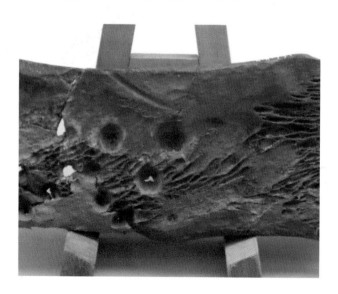

옆에서 보아도 세 구멍이 두 눈과 입을 나타내는 형상이다.

좌측 눈이 위 형상의 입을 나타내는 형상이 중첩해 있다. 맞 뚫린 구멍이 눈을 나타낸다.

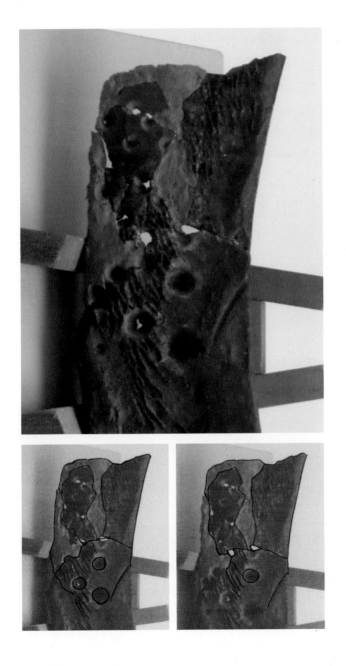

거꾸로 보아도 뚜렷한 인물상이 나타난다.

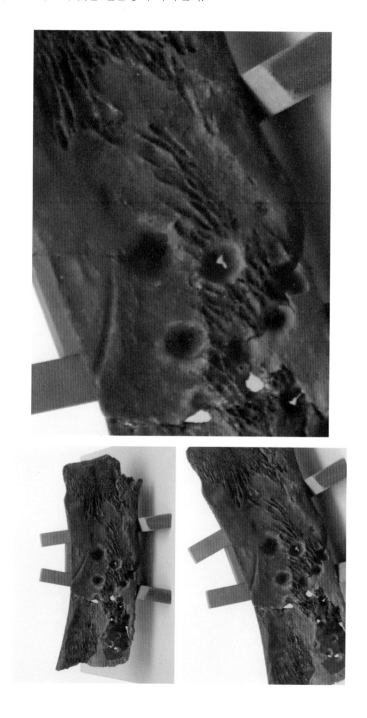

묵서명 뚜껑 토기다.

한자와 더불어 좌측 아랫부분은 한글 '셩' 자로 보이기도 해 의문이다.

깨진 형태가 인물상의 윤곽선을 나타낸다.

홈이 눈과 입을 표시하고 묵서가 머리카락 경계선을 그린다.

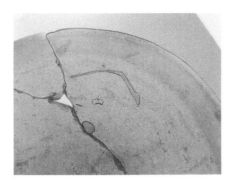

깨진 손잡이 부분이 검은색이다. 검은 토기에 미색이 입혀졌음이 뚜렷하다.

다음은 미색의 토기에 검은색을 토기 안쪽과 겉면에 입힌 이후. 겉면에 다시 미색을 입힌 것으로 해석된다.

시루에 줄이 그어져 있다. 균열되지 않은 토기 표면에 길게 이어진 선이 자연적으로 나타날 수 없으므로, 인위적으로 그은 선이 분명하다.

토기 표면에 줄을 긋고 있음이 증명된다.

인위적으로 그은 선들이 중첩해서 형상을 나타낸다.

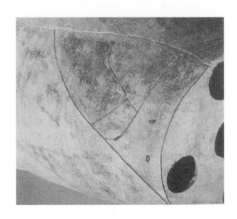

그어진 선과 손잡이 부분이 중절모를 쓴듯한 인물상을 나타낸다.

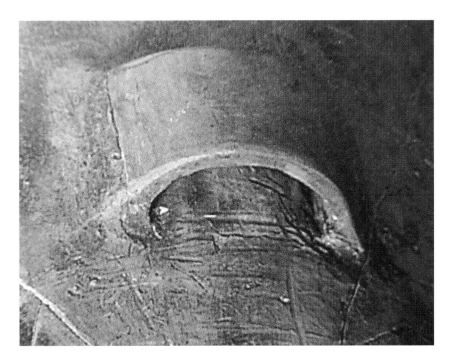

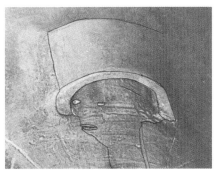

이상에서 한양대박물관 도록에 실린 이성산성 출토 유물을 살펴보았다.

출토된 유물들이 더 많을 것이나 도록에 실린 유물만을 살펴본 한계가 있다.

이상의 분석만으로도 토기 표면에 선을 긋고 형상을 표현하고 있음이 증명된다.

다음은 한성백제박물관 도록에 실린 이성산성 출토 토기다.

물결무늬 선이 중첩해 형상을 표현한다.

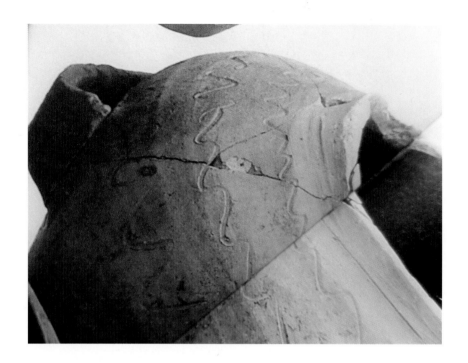

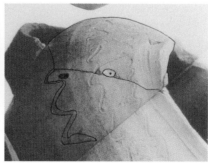

3. 고령 주산성의 목곽고와 산성유적 의미의 확장

내·외성의 이중구조로 이루어진 고령 주산성의 외성 성곽의 모습이다.

반대쪽에서 본 모습이다. 쌓인 돌이 너무 낮아서 성으로서의 역할을 할 수 없을 것 같다. 실제로 답사해 자세하게 살펴보아도 이 성곽이 이어진 석축을 찾을 수 없었다. 이 부분에만 성곽이 쌓였다면 성이 아님이 분명하다.

이 석축 뒷부분 흙에 덮힌 곳에서 신라시대 토기가 출토되었다 한다(나무위키). 이는 성곽을 신라 시대에 쌓았거나, 이전의 성을 신라 시대에 보수했음을 의미하므로 신라 시대나 이전 시대의 성임이 증명된다.

사진의 사각형 부분이 앞에서 살펴본 성곽이 나타난 위치이다. 위쪽 부분에 넓은 공간이 없고, 실제로 답사해 보니 건물지 등이 있었던 흔적인 평평한 공간이 없어서, 성으로 활용된 것으로 보기 어려웠다.

9부 능선에서 대형목곽고가 발견되었다. 안내판의 내용을 보자.

"평면 정방형으로 규모는 가로 약 5m, 세로 약 5m, 높이 2m 정도이며, 바닥에서 약 20㎝ 두께의 가공한 목재를 격자상으로 결구한 목곽 구조의 흔적이 확인되었다. 유사한 형태는 공주 공산성, 대전 계족산성, 이천 설성산성, 금산 백령산성, 대전 월평동 유적 등 주로 백제권에서 많이 확인되고 있다."

안내판에 게시된 금산 백령산성과 대전 월평동 유적의 목곽고 사진이다(『금강』).

목곽고의 성격은 아직 확실하게 밝혀지지 않았다 한다(『금강』, 75쪽).

유사한 형태를 고분에서도 볼 수 있는데, 낙랑 무덤으로 규정된 평양 석암리 205호분의 모습을 보자.[33]

33 『낙랑』, 국립중앙박물관 편.

함께 실린 석암리 219호분, 석암리 9호분, 남정리 116호분도 모양은 다르지만 모두 같은 형식이다. 남정리 116호분에서만 유골이 발견되었다고 적혀있다. 앞에서 살펴봤듯이 고분에서 유골이 발견되었다 해서 무덤임을 보증할 수 없다.

유사한 형식의 석암리 고분에서 유골이 발견되지 않은 이유가 더 의문이다. 석암리 205호분 주곽에서 목제 도장이 발견되었다 한다. 목곽과 주곽의 목제 도장이 부식돼 없어지지 않고 남아 있는데, 같은 환경에서 유골이 발견되지 않는 것은 석암리 고분이 무덤이 아닐 수 있음을 시사한다.

목곽고와 유사한 모습은 석암리 고분들이 무덤이 아닐 수 있음을 시사한다. 석암리 고분 출토유물에 사람형상이 나타난 듯한데, 여기에서 모두 검토할 수는 없으므로 생략하기로 한다.

고령 주산성 유적이 지산동고분과 연접해 있어서, 고분을 조성한 주체와 관련 있을 가능성이 크다. 고분과 산성유적의 유물에 나타난 생명형상을 감안하면, 연접한 주산성 유적과 지산동고분을 조성한 주체가 관련 있다고 추정해도 무방할 듯하다.

실제로는 산성이 아닌 산성유적 집수지에서 발견되는 유물은 자연스러운 산성의 유물이 아니므로, 의도적으로 매장했음을 의미한다.

이를 확장하면 우물터 유적에서 발굴되는 유물 또한 성격이 같을 것으로 추정된다. 관련 기사를 보자.[34]

"서울 풍납토성 경당지구 내 우물터에는 40여 점의 완형 토기가 5층을 이뤄 무려 200여 개가 질서정연하게 늘어서 있었다."

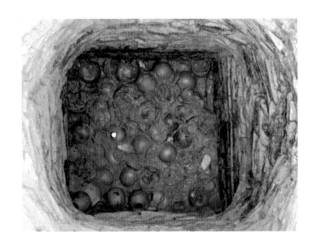

국립경주박물관 내 우물에서도 많은 동물뼈와 유물이 뒤섞인 채 발견됐다. 관련 기사를 보자.[35]

"발굴을 진행할수록 많은 동물뼈와 유물이 뒤섞인 채 드러났다. 개 네 마리, 고양이 다섯 마리, 멧돼지, 소, 사슴, 고라니, 말, 쥐, 두더지, 토끼, 까마귀, 오리, 꿩, 매, 참새, 가오리, 상어, 고등어, 도미, 대구, 민어, 광어, 복어, 숭어, 붕어 등 온갖 동물의 뼈가 나왔다."

34 김상운, "[한국의 인디아나존스들] 백제 왕궁 풍납토성, 그 한가운데 뚫린 우물의 정체는?" 동아일보, 2016년 9월 21일, https://www.donga.com/news/Culture/article/all/20160921/80368379/1

35 이한상, "바다-연못-우물에서 용왕 찾은 까닭[이한상의 비밀의 열쇠]" 동아일보, 2021년 9월 28일, https://www.donga.com/news/Opinion/article/all/20210927/109443520/1

경주박물관 내 우물에서는 이와 함께 온전한 어린아이 유골이 발견되었다.

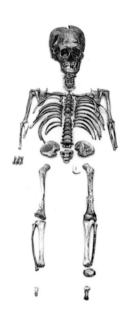

유골의 두개골을 반대쪽에서 보면 또 다른 인물상이 뚜렷하다.

유골을 의도적으로 매장했음이 명백하다.

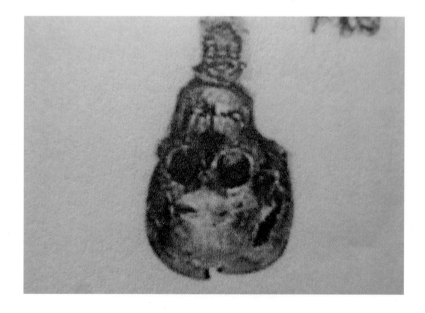

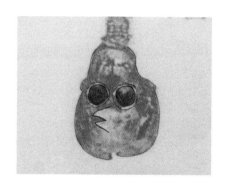

이 우물에 대한 기사를 더 보자.

"2000년 10월, 국립경주박물관 정원에서 9세기 신라의 궁궐 우물이 발굴됐다. 입구 지름이 1m 정도에 불과해 처음에는 큰 관심을 끌지 못했고 깊이도 깊지 않을 것으로 예상했지만, 며칠을 파 내려가도 바닥이 보이지 않았다.
8m 깊이에 다다랐을 때 온전한 상태의 아이 두개골이 발견되었다."

8m 두께의 흙이 우물 안에 자연적으로 쌓일 수는 없으므로, 의도적으로 우물을 흙으로 메워 유골과 유물을 감추었음을 알 수 있다.
쥐와 두더지 뼈까지 출토되었으므로 제사와 관련 없음도 명백하다.

이는 경주 지역에서 발견된 다른 우물 유적들 또한 의도적으로 조성되었음을 증언한다.

많은 유물이 발견된 경주 월지(안압지)도 같은 성격으로 보인다.
이는 다른 지역의 유사한 형태의 유적도 같을 것이다.

저습지 유적도 유사한 성격으로 보인다.

강릉 강문동 저습지 유적에 대한 설명을 보자(『강릉대박 도록』).

"강문동 저습지 유적의 발굴조사 결과 현지표하 100㎝에서 신라시대 문화층이 노출되었고, 신라시대 문화층 60㎝ 아래에서는 기원 전후 시기의 철기시대 문화층이 퇴적되어 철기시대 문화층과 신라시대 문화층이 뚜렷이 구분된 중요한 유적으로 확인되었다.

강문동 저습지 유적의 성격은 12점의 복골을 포함하여 완형의 토기류, 목기류 등 용기가 다량 발견된 점, 다종 다양한 동식물 식료품 유체들이 포함된 것으로 보아 당시 사람들의 점복이나 제의에 관련되는 일종의 토속신앙유적으로 추정된다."

토속신앙과 관련되어 폐기된 목재류나 씨앗 등이 우연히 몇천 년의 시간이 지나도록 보존될 가능성은 거의 없을 것이다.

보존되도록 저습지에 매장해 놓았다고 해석하는 것이 더 타당해 보인다.

　해안 절벽 위에 조성되어 있는 제사 유적으로 알려진 부안 죽막동 유적도 유
사한 성격으로 보인다.

　하남 이성산성에서 돌거울이 출토되었는데, 죽막동 유적에서도 돌거울이 출
토되었다. 상식에 맞지 않는 돌거울이 출토된 두 유적이 서로 관련되어 있을 가
능성이 크다.

　죽막동 유적도 의도적으로 조성해 놓은 유물의 보관 장소로 해석된다.
유사한 형태의 제사유적들도 같을 것으로 추정된다.

　하남 이성산성 출토 돌거울이다(『한양대박 도록』).
뚜렷하지는 않지만 인물상이 나타나 있는 것으로 보인다.

부안 죽막동 유적의 돌거울이다(『한성백제박 도록』).

인물상이 나타나 있다.

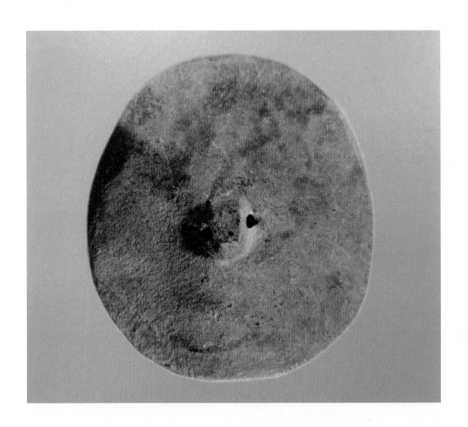

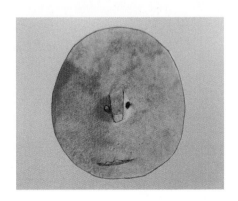

유사한 형태의 청동유물에도 인물상이 잘 나타난다(한성백제박물관 도록).

제사 유적이라는 설명은 다른 이유를 발견하기 어렵기 때문에 나온 설명으로 보인다. 이는 제사 유적으로 분류한 다른 유적들도 같은 성격일 수 있으므로 이에 대한 재검토가 필요해 보인다.

죽막동유적에서는 다양한 시기와 지역의 유물이 발견되었다 한다.[36]

"정식 발굴을 시작하자 3세기부터 조선시대에 이르기까지 면면히 이어져 내려온 바다 제사의 흔적이 차례로 드러났다.
유물 가운데 백제 토기가 가장 많았고, 대가야 토기와 철기, 왜에서 만든 토기와 소형 석제품, 그리고 중국 남조 청자 조각이 출토됐다."

---

36 이한상, "바다-연못-우물에서 용왕 찾은 까닭[이한상의 비밀의 열쇠]" 동아일보, 2021년 9월 28일, https://www.donga.com/news/Opinion/article/all/20210927/109443520/1

대가야 토기가 발견되었다는데, 이는 가야 토기로 알려진 토기의 상당 부분은 의도적으로 제작해 놓았을 가능성이 있음을 시사한다.

조선시대 유물이 발견된다 하는데, 백자가 이전 시대에 이미 제작되었음을 앞에서 살펴봤다.

죽막동 유적에서 출토되는 백자는 조선시대 이전의 것일 가능성도 있다.

백자가 발견되면 무조건 조선시대의 유물로 분류하는데, 그중에는 이전 시대의 유물이 섞여 있을 가능성도 있음을 염두에 둬야 할 듯하다.

아울러 전국에서 발견되는 백자나 청자가 출토되는 가마터 중에는 조선시대나 고려시대의 유적이 아닌, 이전 시대의 유적이 섞여 있을 가능성이 있으니 이 관점에서 재조사가 필요해 보인다.

기획하에
조성된
고대유적과
유물

1부에서 고대의 고분과 조개더미유적, 산성유적 등이 생활에 따른 자연적인 유적이 아니라 의도적으로 조성해 놓은 유물의 보존과 전수를 위한 장소임을 살펴보았다.

　2부에서는 이들 유적에서 출토된 유물에 나타난 사람형상을 본격적으로 살펴보기로 하자. 고분에서 살펴보았듯이 유적지나 유물의 배치 자체가 형상을 나타내기도 하므로 이에 대해서도 함께 살펴보기로 한다.

　석재유물이나 청동유물은 상대적으로 크기가 작고 형태도 단순해서 형상을 새기는데 한계가 있다.
　반면 토기는 크고 종류도 다양해서, 다양한 방식으로 형상을 새길 수 있다.
　이 점을 감안해서 토기는 별도로 분석하기로 한다.

　유적과 유물에 나타난 사람형상은 유적과 유물을 의도적으로 조성해 놓았음을 증언한다.
　사람형상이 나타난 유적과 유물은 고대문명이 일시에 도약했음을 증명하는 열쇠가 된다.

10장 석재유물의 사람형상

갈아서 제작했다는 석재유물의 표면과 깨진 부분에 드러난 원석의 색이 확연하게 다른 경우가 있다.

앞에서 무령왕릉의 지석과 석수에서 돌에 다른 물질을 입혀 형태와 색감을 변화시키고, 이를 통해 형상을 표현하는 것을 살펴보았다.

이처럼 석재유물에도 다른 색감과 재질의 물질이 입혀진 듯하다.

이 장에서는 석재유물의 표면에도 다른 물질을 입혔음을 입증해 보고자 한다.

다음으로 다양한 방식으로 석재유물에 표현된 사람형상을 살펴보기로 한다.

석재유물의 표면의 색감이 풍화로 변하지 않았음은 앞에서 설명했듯이 돌검의 예에서 알 수 있다. 특히 검은색 원석의 돌검에서 더 뚜렷하게 확인할 수 있다.

검은색 원석의 돌검이 풍화로 인해 황토색으로 변했다면, 풍화 과정에 있는, 풍화가 진행 중인 돌검도 다수 존재해야 한다.

이 경우 검은 색감 일부에만 또는 부분부분 밝은 황토색 물질이 입혀져 있는 상태일 것이다.

이런 중간 단계의 돌검이 없으므로 풍화 때문은 아닌 것이 증명된다.

이는 다른 석재유물에도 그대로 적용된다.

1. 표면이 입혀진 석재유물

1) 돌검

울산 지역 돌검이다(울산박물관).

손잡이 부분의 깨진 곳에 드러난 원석이 표면과 완전히 다른 검은색이다. 검은색의 원석이 풍화된다고 해서 이처럼 황토색으로 변할 수는 없을 것이다. 표면에 황토색 물질을 입혔음이 분명하다.

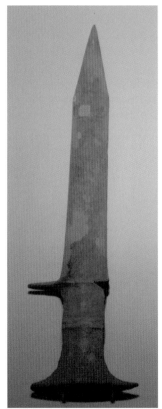
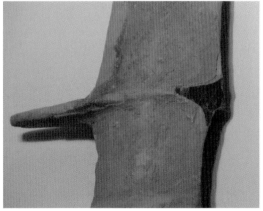

다음도 원석과 표면이 다른 색이다(부산박물관).

손잡이 중앙에 길게 드러난 검은 선은 풍화와 관련 없음을 증언한다.

앞 돌검처럼 검은색 원석에 황토색 물질을 입힌 듯하다.

김해 지역의 돌검이다(경주박물관).

날의 깨진 부분에 검은 원석이 드러나 있다.

보성 지역의 돌검이다(『고인돌』).

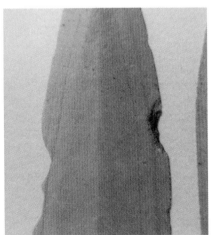

검은색 돌검과 함께 있는, 검은 색감이 비치는 돌검은 검은색 원석에 미색 물질이 입혀진 것으로 보인다(청주박물관).

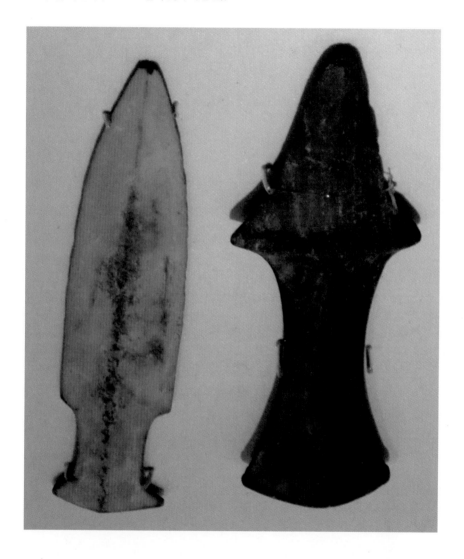

풍화되어 이런 형태가 되지는 않을 것이다.

황토색 물질이 표면에 입혀지지 않고는 나타나기 어려운 모습이다.

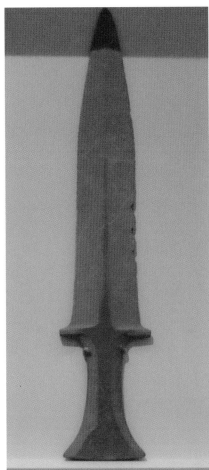

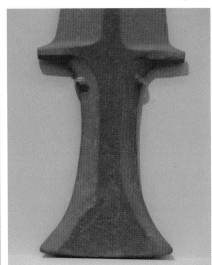

전주박물관

광주박물관

승주 곡천유적의 돌검이다(『충북대박 도록』).

표면 벗겨진 곳에 드러난 원석이 옅은 청색이다.

원석의 색감이 다를 뿐, 앞의 돌검과 유사하게 황토색 물질이 입혀진 듯하다.

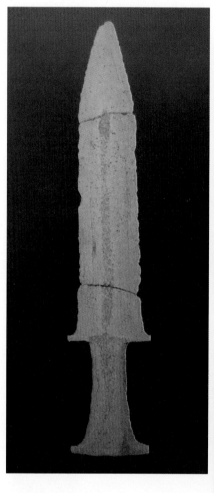 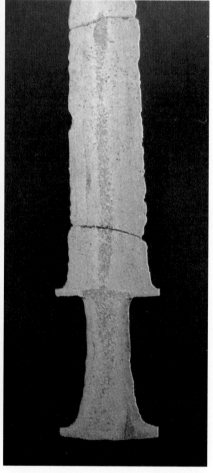

승주 곡천유적 돌검이다(『충북대박 도록』).
깨진 부분에 옅은 청색의 원석이 드러나 있다.

경주 황성동유적(『경주박 도록』)

진안 여의곡유적 돌검이다(『금강』).

짙은 회색의 표면 벗겨진 곳에 붉은 색감이 드러났다.

원석이 붉은 색감인지 이 또한 입힌 것인지는 확실치 않다.

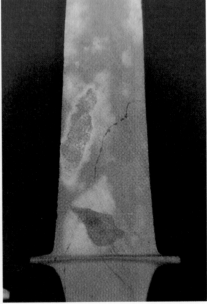

강릉 포남동유적 돌검이다(『관동대박 도록』).

검은색 돌검 구멍 주위의 색감이 황토색이다. 원석이 황토색임을 나타낸다.

검은 표면 벗겨진 곳에 드러난 흰색은, 흰색의 원석에 검은 물질이 입혀졌음을 나타낸다(광주박물관).

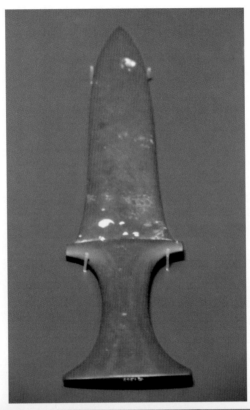

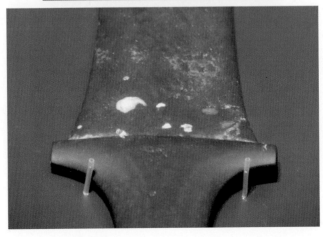

돌검 외곽을 따라 검은 선이 그어져 있다(김해박물관).

자연적으로 선이 그어질 요인이 없다.

돌검 표면에 다른 물질을 입혔음을 고려하면, 다른 물질을 입히며 선이 나타나게 한 것으로 추정된다.

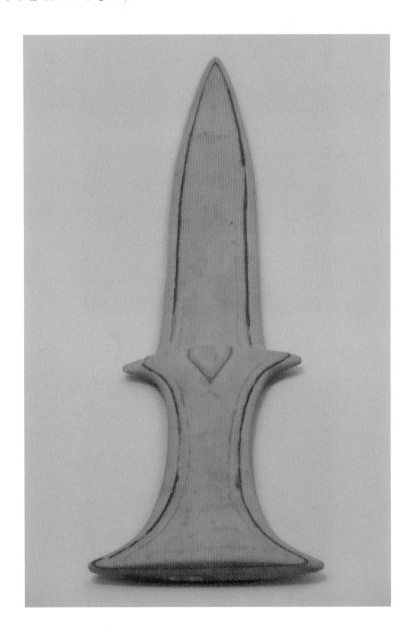

여수 봉계동유적 돌검 안쪽에 뚜렷한 검은 선이 그어져 있다(『나주박 도록』).
김해 돌검의 외곽을 따라 그어진 것과 대비된다.

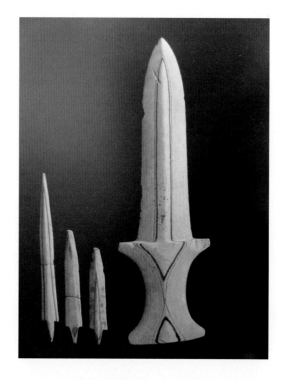

자연적으로 이중의 선이 검 끝 형태와 일치하게 나타날 리 없다.

어떤 방식으로 제작했는지는 알 수 없으나, 검은 색감이 매우 진해서 물감으로 그린 듯하다.

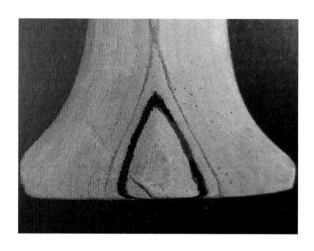

함께 실린 화살촉에도 유사한 검은 선이 그어져 있다.

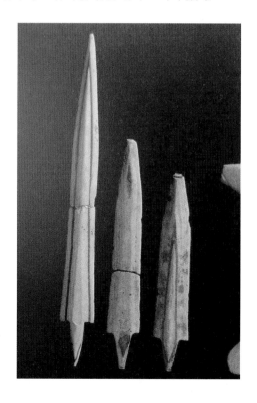

보성 지역 돌검이다(『고인돌』).

우측 돌검에 위쪽과 아래쪽이 같은 형태의 검은 선이 그어져 있다. 자연적으로 나타날 수 없는 형태의 선은 인위적인 선임을 증언한다.

좌측 돌검 아래쪽에 나타난 짙은 색감의 둥근 원은 인위적으로 그렸음이 분명하다. 원을 그린 물감(물질)으로 우측 돌검의 검은 선을 그렸을 수도 있을 것이다.

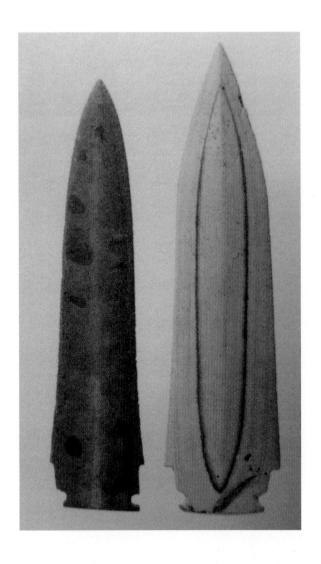

돌검의 외곽을 따라 그어진 검은 선이 엇갈려 있다(『고인돌』).
앞에서 본 돌검들과 다르게 선이 끊어져 있는 이유는 무엇일까?
그렇게 그었기 때문이라는 것 이외 다른 설명이 불가해 보인다.

돌검은 갈아서 제작한 인공물이므로 자연적으로 나타날 수 없는 선이 나타
나 있다면, 인위적 현상으로 보는 것이 자연스럽다.

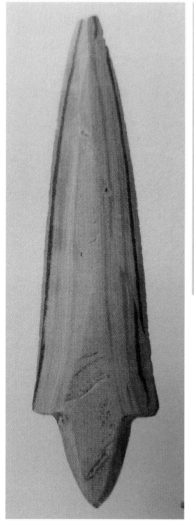

돌검 안쪽에 짙은 선이 그어져 있고, 옆에 이중으로 가는 선이 그어져 있다(경주박물관).

그런데 홈이 파인 곳에는 검은 선이 이어지지 않는다. 검은 선이 표면에만 얕게 그어져 있음이 잘 나타난다.

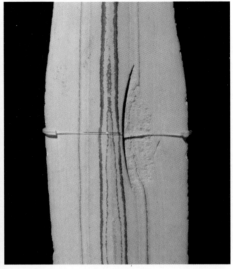

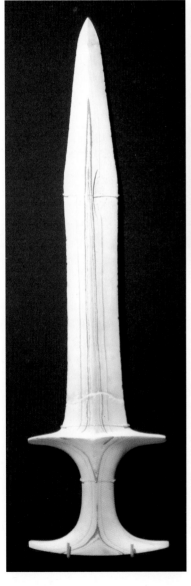

밀양 지역 돌검이다(『고인돌』).

중간 부분에 세로로 길게 이어지며 황토색 선들이 나타나 있다.

그런데 선이 이어지지 않는 부분도 있어서, 표면에만 황토색 물질이 얕게 입혀져 있음이 잘 나타난다.

산청 지역 돌검이다(『고인돌』).

앞에서 살펴본 돌검들과 다르게 손잡이 부분의 검은 선이 대칭이 아니다. 선이 대칭을 이루는 현상이 자연적 현상이 아님을 증언한다.

윗부분은 정확하게 검은 선에 맞추어 표면이 벗겨졌다. 검은 선이 표면에만 얕게 그어졌음을 고려하면, 선에 맞추어 표면이 벗겨질 이유가 없다. 인위적 현상이 분명해 보인다.

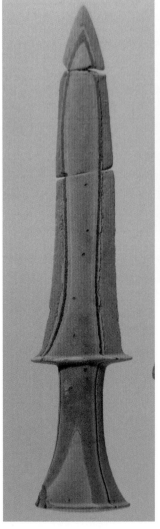

날의 아랫부분을 보면, 검은 선 바로 옆의 표면이 오래된 페인트와 유사한 모습으로 벗겨지고 있다.

인공적으로 갈아서 제작했지만, 돌 자체는 자연 상태의 성질을 그대로 가지고 있다. 이런 자연 상태의 돌의 표면이 이처럼 벗겨질 리 없다.

표면이 입혀지고 이 입혀진 물질이 벗겨지는 것으로 해석된다.

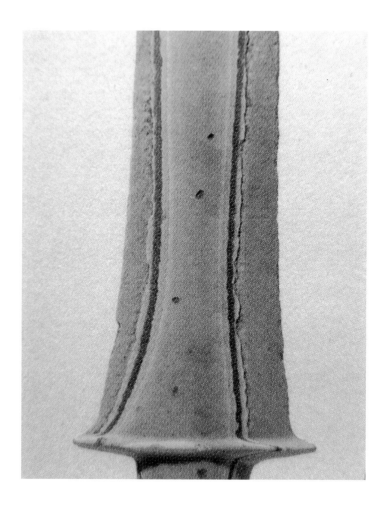

고령 지역 돌검이다(『대가야박 도록』).

우측 돌검은 흰색 바탕에 붉은빛의 선이 검 끝과 같은 형태를 이루었다. 자연적으로 나타날 수 없는 현상이 분명하다.

좌측 돌검의 표면은 일반적인 돌의 표면과 많이 다르다. 표면이 부스러지는데 이런 돌로 돌검을 만들지는 않을 것이다.

표면에 다른 물질이 입혀졌음이 분명하다. 손잡이 부분에 원래의 표면이 조금 남아 있는데, 매끄러웠음을 알 수 있다.

부산 미음동 돌검이다(부산박물관).

앞 돌검의 손잡이 부분에 남아 있는 원래의 표면을 이루었던 물질과 유사한 물질이 입혀졌음이 뚜렷하다.

표면이 벗겨지면 앞의 돌검과 유사하게 될 것이다.

자연물이 아닌 인공적으로 만든 돌검에 나타난 반듯한 선과, 대칭을 이루는
선들은 인위적 현상임이 명백하다.

경남 지역 돌검이다(김해박물관).

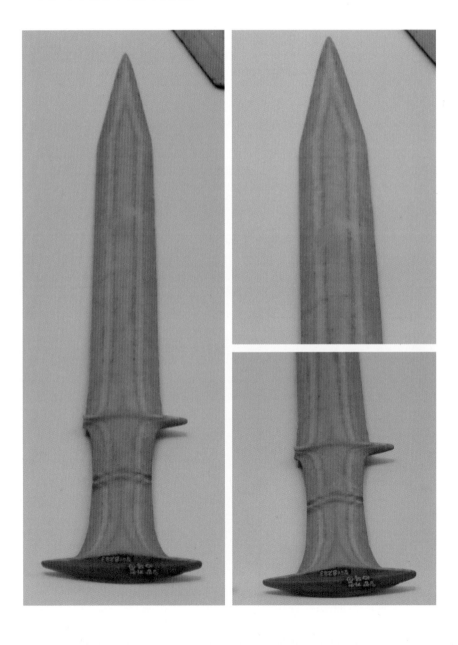

부여박물관에 전시된 돌검이다.

손잡이 부분 무늬가 좌우 대칭이며 입체적이다.

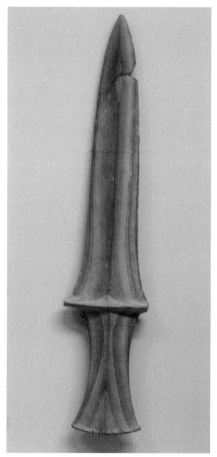
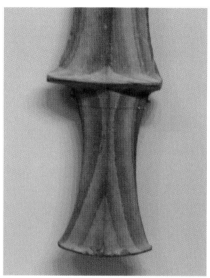

부여박물관에 전시된 돌검이다.

거제 산양리유적 돌검이다(김해박물관).

무늬의 선이 단선인 돌검을 보자.

『경주박 도록』에 실린 돌검이다.

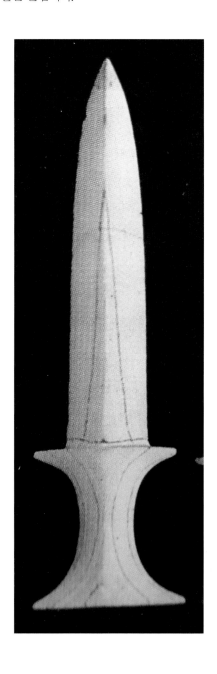

『경주박 도록』에 실린 돌검이다.

한 줄의 선이 돌검에서 형태를 이루며 자연적으로 그려질 리 없다.

어떻게 조성했는지 알 수 없다 하더라도, 이런 조형적 형태가 인공이 아니라고 주장하려면, 자연적 형성 요인과 과정에 대한 합당한 설명이 있어야 한다.

그러나 그 이전에 선에 대한 언급 자체를 찾아볼 수 없었다.

수많은 사람들이 봤을 것을 생각해 보면 이는 매우 이상한 일이다.

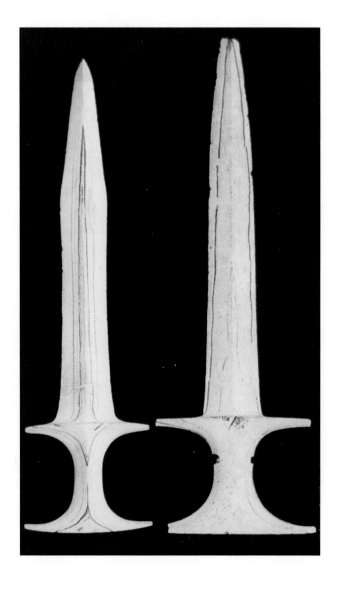

김해 무계리유적 돌검이다(『고인돌』).

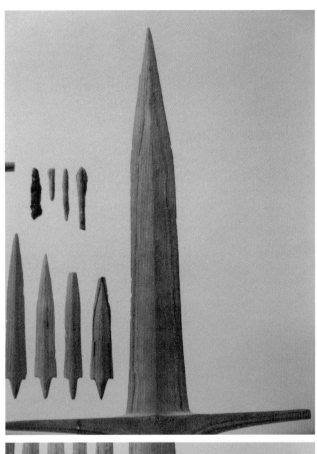

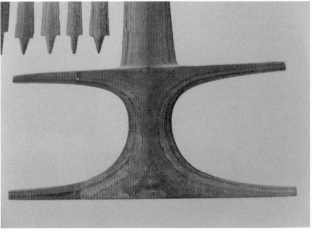

보성 지역 돌검이다(『고인돌』).

선이 끊긴 부분은 두꺼운 테두리 선이 얕게 입혀져 있어서, 돌 자체의 성분이 아님을 나타낸다.

갈아서 제작하는 과정에서 표면에 얕게 나타난 물질이 갈려 나가지 않을 수 없다, 이처럼 온전한 테두리 선은 인위적으로 입힌 것으로 볼 수밖에 없다.

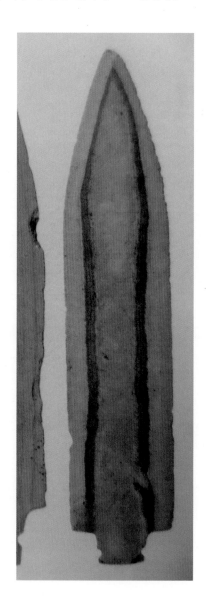

여수 지역 돌검이다(『고인돌』).

좌측 돌검은 그린 선이며, 우측 돌검은 파인선이 나타나 있다.

이처럼 조형적인 그은 선과, 길게 이어지는 뚜렷한 파인 선이 자연적일 리 없다.

여수 적량동 고인돌 출토 돌검이다(『고인돌』).

이중의 선이 검 끝 형태와 일치한다. 인공적으로 그어진 선이 분명하다.

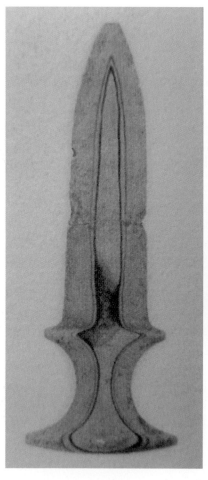
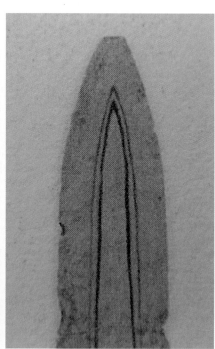

손잡이 부분에 둥근 형태의 선이 나타나 있다.

손잡이 경계 부분의 선이 손잡이의 형태에 맞추어 그려졌다. 인위적인 선이 분명하다.

선 가운데에 나타난 검은 색감과 검은 선이 연결돼 있다.

이는 검은 선을 이 검은 색감의 물질로 그렸음을 의미한다.

검에 선을 인위적으로 입힌 것이 증명된다.

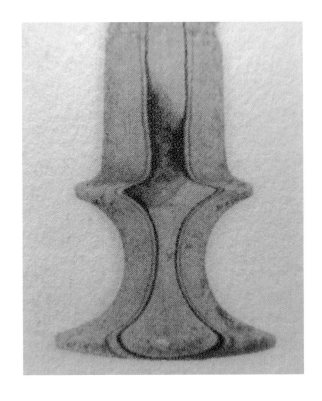

이상으로 돌검에 나타난 선들이 인위적으로 그어졌음이 증명된 듯하다.

표면에 다른 물질을 입히며 새긴 것으로 추정된다.

기장 고촌리유적 돌검이다(부산박물관).
돌을 자를 수 있었음이 잘 나타난다.

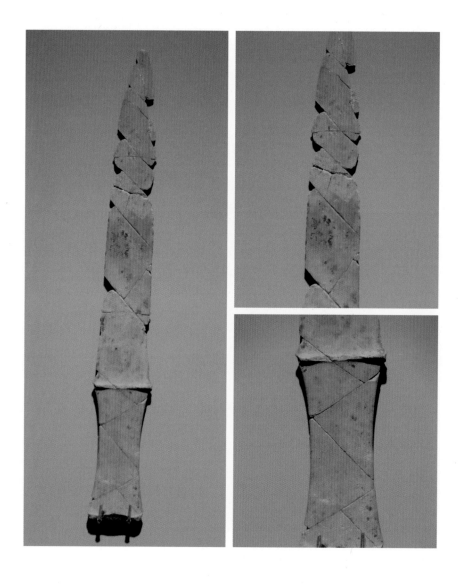

잘린 선이 형태를 이루고, 검은 색감이 눈과 입을 표시하는 인물상을 나타내는 것으로 보인다.

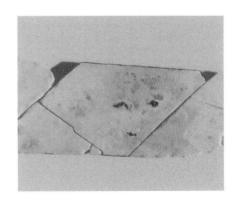

인제 월학리유적 돌검이다(『고인돌』).
표면에 검은빛의 얼룩덜룩한 무늬가 나타나 있다.
무늬가 인물상을 나타내는 듯하다.

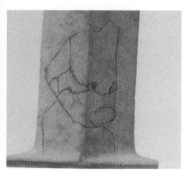

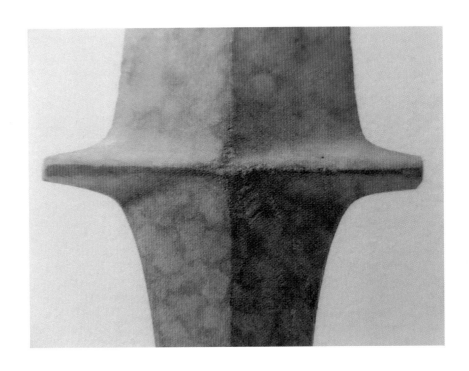

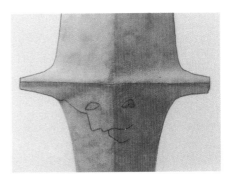

영동 유전리유적 돌검이다(『고인돌』).

손잡이 부분의 선이 돌출돼 있다. 돌검을 갈아서 제작했다면 돌출된 선이 나타날 수 없다.

돌검을 갈아서 제작하지 않았다는 증거다.

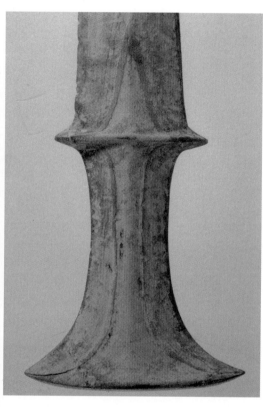

고령 봉평리유적 돌검이다(『대가야박 도록』).

다수의 파인 선들이 새겨져 있다. 그런데 모두 파인 선은 아니며, 파인 선 사이에 돌출된 선이 나타나 있다.

손잡이 부분에도 돌출된 선들이 그어져 있다. 위쪽의 파인 선과 대비된다. 갈아서 제작한 돌검에 나타날 수 없는 돌출된 선이 어떻게 나타난 것일까?

전작에서 다수의 고인돌에 나타난 돌출된 선을 살펴보았다. 고인돌에서 돌검이 출토되므로 양자는 같은 성격을 가질 것이다. 고인돌의 돌출된 선과 동일한 방법으로 조성했을 가능성이 크다.

표면에 다른 물질을 입히며 선을 돌출되게 했을 것으로 추정된다.

2) 돌화살촉

표면 벗겨진 곳에 검은 원석이 드러났다(『대구박 도록』).
검은 원석의 표면에 미색의 물질을 입혔음을 나타낸다.

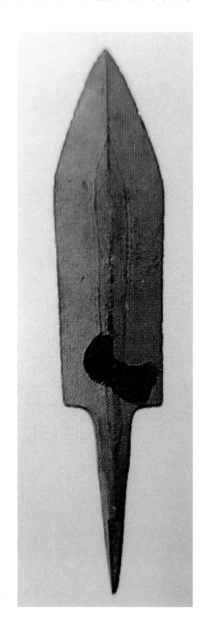

김해 신문리유적 돌화살촉이다(『고인돌』).

같은 성분으로 보이는 돌화살촉 중 하나에만 선이 나타나 있다. 자연적인 선이 아님을 의미한다.

여수 봉계동 고인돌 출토 화살촉이다(『고인돌』).

돌검과 유사한 선들이 그어져 있다. 다양하게 중간 부분이나 외곽에 그어진 선들은 인위적임을 나타낸다.

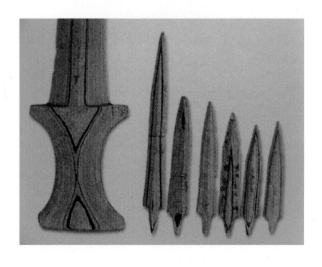

3) 돌창

　밝은색 원석의 돌검에 세로로 다수의 홈의 선이 그어져 있고, 돌출된 부분에 검은 색감이 나타나 있다(『계명대박 도록』).

　홈의 선은 인위적으로 새겼음이 분명하다. 인위적으로 새긴 홈의 선에 나타난 검은 색감 또한 자연적으로 나타날 리 없다.

　검은 색감을 인위적으로 입힌 것으로 보인다.

4) 돌도끼

강릉 포남동유적 돌도끼다(『관동대박 도록』).

돌도끼는 갈아서 제작한 것이므로, 표면이 갈려 나간 상태다. 제작 후 표면에 다른 물질을 입히지 않는다면, 좌측 돌검처럼 검은 원석에 얇게 물감을 칠한 듯한 상태로 존재할 수 없다.

두 돌도끼는 검은 원석에 각기 다른 색감의 물질을 입힌 것으로 추정된다.

강릉 방내리유적 돌도끼다(『강릉대박 도록』).

밝은색 표면 깨진 부분에 검은 원석이 드러났다.

검은 원석에 얕게 밝은 색감을 입히지 않고서는 나타날 수 없는 형태다

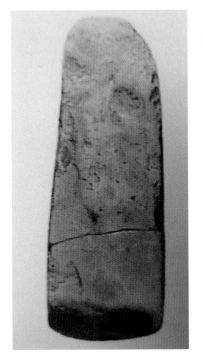

양양 연당리유적 돌도끼다(『대구박 도록』).

부천 고강동유적 달모양 도끼다(『한양대박 도록』).

자른 것이 분명하다. 돌을 자를 수 있었음이 증명된다.

깨진 곳에 드러난 검은색 원석에 현재 색감의 물질이 입혀진 것으로 보인다.

양산 신평유적 돌도끼다(『양산』).

황토색 원석에 얇게 미색이 입혀졌다. 미색이 인물상을 나타낸다.

미색이 윤곽선을 이루고 살짝 드러난 원석이 눈을 표시한다.

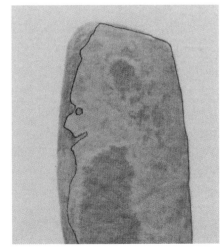

갈린 부분에 검은 점들이 찍혀 있다(김해 박물관).

갈아 낸 후에 점을 찍어야 가능하므로 인위적 현상임이 분명하다.

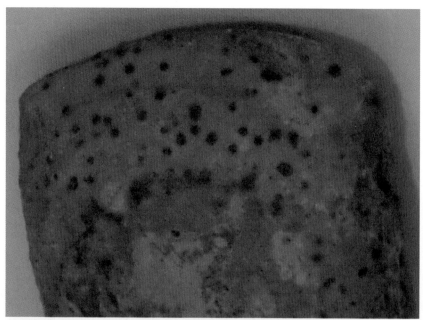

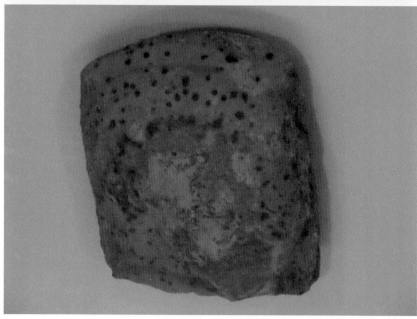

5) 반월형돌칼

밝은색 반월형돌칼과 함께 전시된 검은색의 반월형돌칼 구멍에 밝은색이 보인다(『경주박 도록』). 주변에도 곳곳에 밝은색 원석이 드러나 있어서 검은 색감이 얇게 입혀졌음이 잘 나타난다.

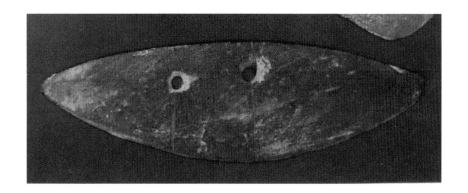

강릉 교동유적 반월형돌칼이다(『강릉대박 도록』).

검은색 반월형돌칼의 구멍 부위에 밝은 색감이 드러나 있다. 구멍 부위에 드러난 밝은 색감의 원석에 검은 물질이 입혀졌음을 알 수 있다.

구멍이 형상의 눈을 나타내고, 아래쪽에 ㄴ 자로 그려진 선은 입을 나타내기 위해 그어진 듯하다.

강릉 포남동유적의 두 반월형돌칼이다(『관동대박 도록』).

구멍 부위에 드러난 원석을 보면, 두 반월형돌칼의 원석이 같은 색감임을 알 수 있다. 함께 발굴된 같은 색감 원석의 반월형돌칼이 하나는 원래의 색감 그대로이고, 하나만 자연적으로 이처럼 색이 변할 리 없다.

표면에 현재 색감의 물질이 입혀졌음을 증언한다.

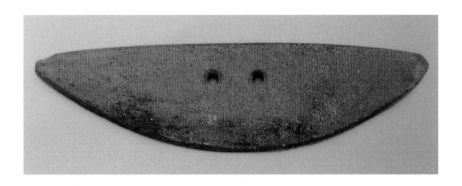

제천 황석리유적의 반월형돌칼이다(『충북대박 도록』).

흰색의 원석 표면에 검은 색감이 얇게 입혀진 듯하다.

색의 차이가 크지 않더라도 갈아서 제작했음을 고려하면, 표면에 색감을 입히지 않고서는 이 형태가 나타날 수 없을 것이다.

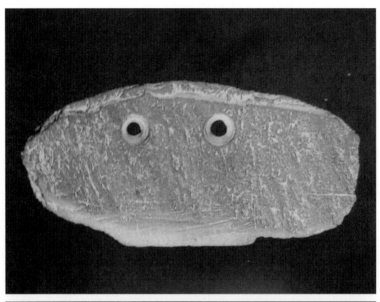

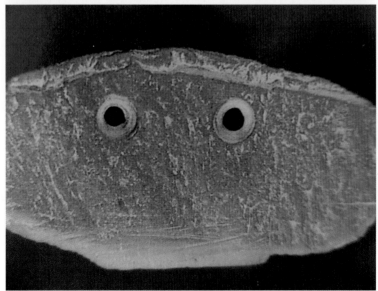

6) 가락바퀴

수원 호매실유적의 가락바퀴다(『수원박 도록』).

갈아서 제작했다면 표면이 유실되므로, 밝은색의 원석 표면에 나타난 검은 색감은 입히지 않고서는 나타나기 어렵다.

검은 색감이 맞은편 인물상의 윤곽선을 형성한다.

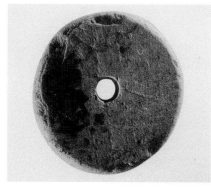

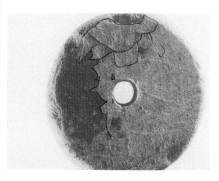

경주 고분 황남대총 출토 '방추형 석기'다(경주박물관).

깨진 부분에 검은 원석이 드러났다. 표면에 물감으로 그린 그림이 그려졌는데, 황토색 물질이 입혀진 위에 그려져 있다.

검은 원석에 황토색 물질을 입히고 그 위에 그림을 그린 것으로 보인다.

돌에 다른 물질을 입힌 현상이 경주 고분에도 나타나 있는 것을 알 수 있다.

이는 황남대총을 비롯한 경주 지역의 대규모 고분들이 신라시대의 무덤이 아니며, 이전 시대의 생명형상을 새긴 주체에 의해 조성되었음을 증언한다.

　황남대총의 다음 '방추형 석기'도 깨진 부분에 다른 색감의 원석이 드러나 있어 표면이 입혀졌음을 알 수 있다(경주박물관).

　뚜렷하지는 않지만 색감과 균열선이 윤곽선을 이루고, 구멍이 눈을 표시하는 형상을 나타내는 것으로 보인다.

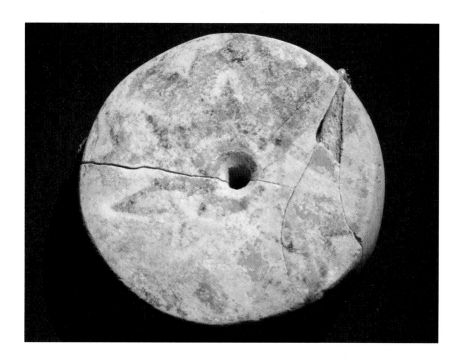

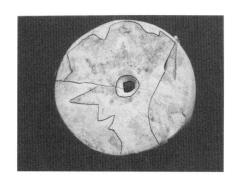

7) 숫돌

강릉 교동유적 숫돌이다(『강릉대박 도록』).
검은 원석에 황토색 물질이 입혀진 모습이다.

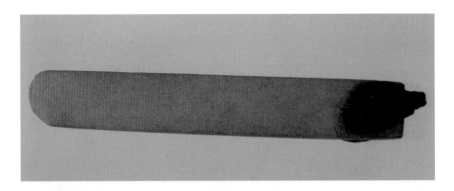

강릉 안인리유적의 숫돌이다(『강릉대박 도록』).

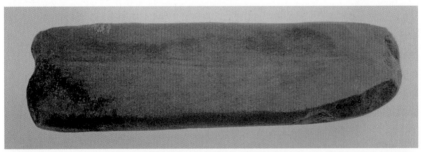

서울 풍납토성 출토 숫돌이다(『백제』).

표면 벗겨진 곳에 드러난 황토색 원석에 검은 물질이 얇게 입혀진 모습이다. 숫돌로 사용했다면 표면이 갈려 나가며 황토색 원석이 드러났을 것이다. 그렇지 않으므로 숫돌이 아닌 것이 증명된다.

제작과정의 어려움은 별도로 치더라도, 다른 특별한 용도가 없을 것으로 보여서 제작 이유가 궁금하다.

숫돌 형식을 빌어, 돌 표면에 다른 색감의 물질을 입히고 있음을 증명하기 위해 조성해 놓은 것으로 추정된다.

화성 마하리유적의 숫돌이다(『백제』).

구멍에 황토색이 나타나 있다.

원석은 황토색이며, 현재 표면에 나타난 색감은 입혀졌음을 나타낸다.

서울 석촌동유적 숫돌이다(『백제』).

표면 긁힌 곳, 곳곳에 황토색 원석이 살짝살짝 드러나 있다.

청원 주성리유적의 숫돌이다(『백제』).

갈아서 제작한 반듯한 표면이 아니다. 갈지 않고서 어떻게 제작했을까?

갈아서 제작한 이후 표면에 다른 물질을 입혀야 제작 가능한 모습이다.

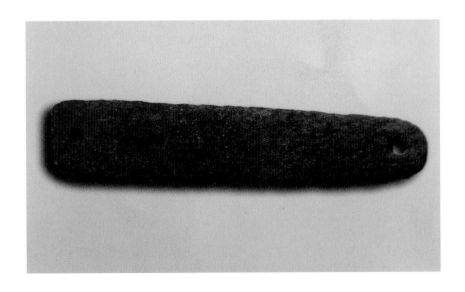

8) 기타

인천 동양동유적의 돌칼이다(인천검단선사박물관).

검은 색감 부위 깨진 곳에 드러난 원석은 밝은 색감이다. 검은 색감이 돌의
성분 때문이 아니며, 표면에만 얕게 입혀진 것으로 추정된다.

검은 색감과 균열선이 형상을 나타낸다.

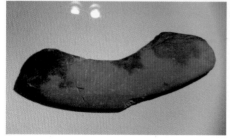 

전체적 형태와 눈의 자리에 나타난 검은 색감이 어울려 인물상을 나타낸다 (한양대박 수장고).

눈을 나타내는 검은 색감은 입혀진 것으로 추정된다.

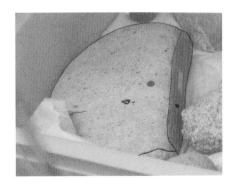

9) 흑요석 석기

울산 지역의 신석기시대 흑요석 돌작살이다(울산박물관).

흑요석 원석을 작살 모양으로 가공하면 표면이 벗겨지고, 광택이 나는 검은색
이 되어야 한다. 그런데 일부는 원석 그대로의 짙은 갈색 표면을 유지하고 있다.
제작 이후, 원래 표면을 덮고 있던 물질로 다시 입히지 않고서는 나타날 수 없
는 현상이다.

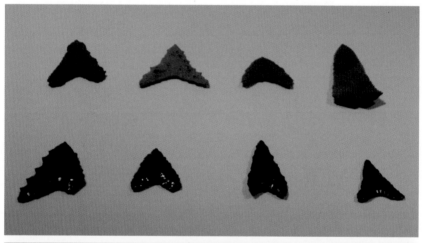

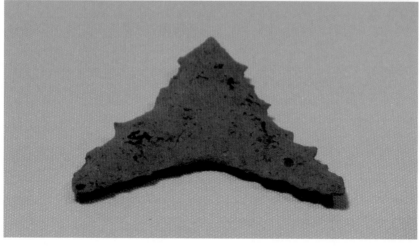

풍화 때문은 아닐 것이다. 풍화라면 제작된 이후 같은 시간의 흘렀으므로 모두 어느 정도 비슷하게 풍화되어야 한다.

조금도 변함이 없는 흑요석 석기와 대비되고 있어서, 풍화되어 다시 갈색 물질이 입혀지지 않았음을 증명한다.

표면 벗겨진 곳에 드러난 광택이 나는 검은 색감은 이 돌작살을 흑요석으로 제작했음을 나타낸다.

톱날 모양은 인위적으로 제작했음이 명백하다.

흑요석 원석으로 제작 후, 드러난 광택이 나는 표면을, 다시 흑요석 원석을 덮고 있던 짙은 갈색 물질로 입혔음을 증명한다.

이처럼 흑요석 원석에 다른 물질을 입힐 수 있었다면, 돌 표면에 다른 물질을 입힐 수 있었음도 당연할 것이다.

거의 유사하게 인물상의 형태로 다듬어진 두 흑요석 석기다.

제작 후 하나에만 표면이 입혀졌음을 증명한다.

함북 종선군 수남리 흑요석 석기 원석을 보자(중앙박물관).

일부가 깨진 원석의 형태다.

깨진 부분 옆에 사람형상이 나타나 있다.

이전에도 이 형상을 보았지만, 깨진 곳이 아닌 원석의 표면을 그대로 유지한 지점에 나타나 있어서, 인위적 현상으로 볼 수 없었다.

그러나 이제 울산 지역의 흑요석 석기는 이 인물상을 제작한 이후, 표면을 다시 입혔음을 증언한다.

다음도 인물상으로 보인다.

옆쪽의 길게 파인 선은 어떤 도구로 그은 듯하다.

자르기보다 녹여낸 듯한 모습이다.

광주 삼리유적의 다음 구석기에도 유사한 현상이 나타나 있다(『한성백제박 도록』).

원석은 흑요석으로 보인다. 따라서 떼어내기로 제작하는 과정에서 흑요석 원석이 넓게 드러나야 하는데, 그렇지 않아 의문이다.

제작한 이후 드러난 광택이 나는 표면에, 현재 표면을 덮고 있는 물질로 다시 입히지 않고서는 나타날 수 없는 형태로 보인다.

울산 지역의 흑요석 돌작살을 덮은 짙은 갈색의 물질과 다른 색감이어서, 다양한 색감과 종류의 물질을 입힐 수 있었음을 알 수 있다.

　돌의 표면에 다른 물질을 입히는 능력이 구석기시대부터 이어져 왔음이 증명된 듯하다.

　인류 역사의 대부분을 차지한다는 구석기시대는 원시시대로 알려진 것과 다르게, 미지의 세계, 시원의 시기인 듯하다.

　외계인설은 아닌 듯하다. 후대로 계속 이어지는 전수와 관심은 인류의 선조임을 나타낸다.

2. 다양한 방식으로 표현된 사람형상

1) 돌검

날 부분이 인물상의 형태로 다듬어졌다(춘천박물관).

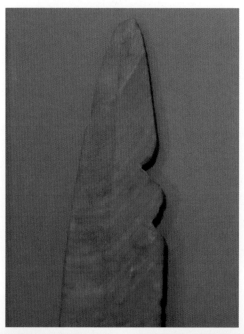

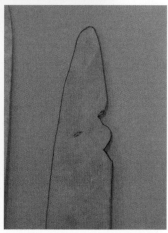

고령 신촌리유적 돌검이다(『대가야박 도록』).

보성 지역 돌검이다(『고인돌』).

서 있는 듯한 인물상을 나타낸다.

양양 포월리유적의 돌검이다(『강릉대박 도록』).

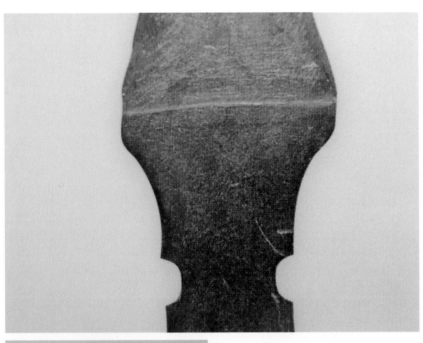

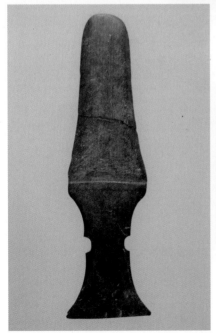

수원 호매실유적 돌검이다(『수원박 도록』).

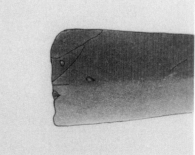

2) 돌화살촉

속초 조양동유적 돌화살촉이다(『강릉대박 도록』).

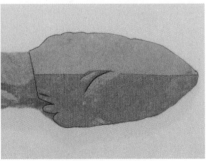

3) 돌창

파주 대능리유적 돌창이다(경기도박물관).

4) 돌도끼

영광 원홍리유적 돌도끼다(『영광』).

청동기시대 바퀴날도끼다(경기도박물관).

표면을 다듬어 윤곽선을 나타내고, 구멍이 눈을 표시한다.

반대 방향으로도 인물상을 나타낸다.

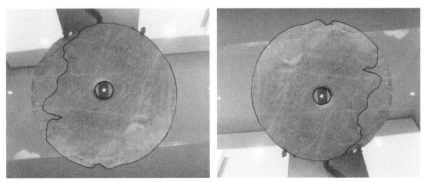

5) 반월형돌칼

해남 군곡리 조개더미유적의 석기다(광주박물관)

반원형돌칼이 깨진 것이라 하는데, 인위적 현상으로 보인다.

깨진 형태가 인물상의 형태를 이루고 구멍이 눈을 나타낸다.

홈을 파 입을 표시했다.

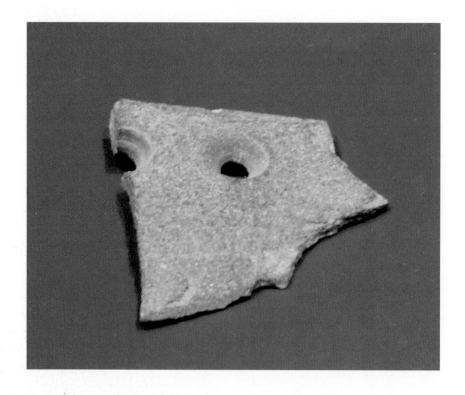

기장 방곡리유적의 반월형돌칼이라 한다(부산박물관).

구멍이 맞뚫리지 않아서 반월형돌칼로 보기 어렵다.

아래쪽 홈이 형상의 입을 표시하고, 구멍이 눈을 나타내는 듯하다.

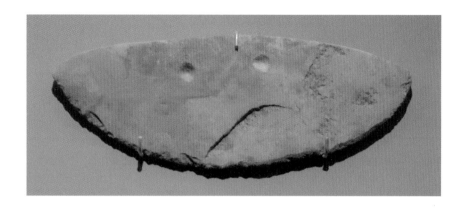

울산 하삼정유적의 미완성 석기다(『울산대곡박 도록』).

구멍이 너무 커서 반월형돌칼을 만드는 과정으로 볼 수 없으며, 처음부터 이 형태로 제작된 듯하다.

두 구멍이 눈을 나타내는 인물상으로 보인다.

강릉 교동유적 반월형돌칼이다(『강릉대박 도록』).

반월형돌칼이 단순하게 깨진 것처럼 보인다.

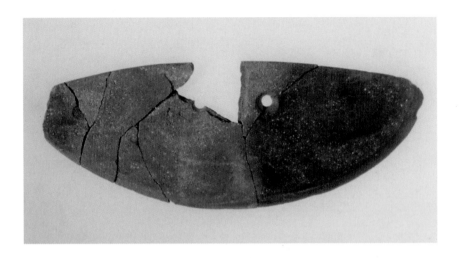

깨진 모습이 전작에서 살펴본, 사람형상을 나타냈던 옥천 대천리유적의 갈판과 유사하다.

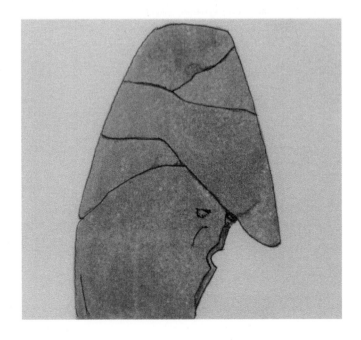

옆에서 보면 모자를 쓴 듯한 인물상을 나타낸다.
홈으로 눈을 나타내고, 반쯤 깨진 구멍이 입을 이룬다.
원하는 형태로 돌을 자를 수 있었음이 증명된다.

6) 가락바퀴

연천 삼거리유적의 가락바퀴다(경기도박물관).

구멍과 깨진 부분이 눈을 이루고, 아래쪽에 얕게 파인 홈이 입을 표시하는 형상을 나타내는 것으로 해석된다.

충주 조동리유적의 가락바퀴다(『충북대박 도록』).

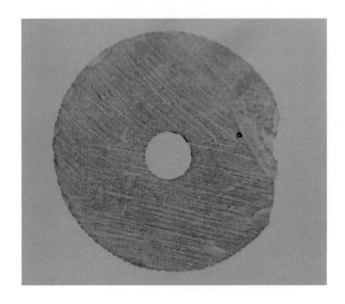

강릉 교동유적의 가락바퀴다(『강릉대박 도록』).

검은색 가락바퀴 표면에 황토색을 입혔다.

강릉 교동유적의 가락바퀴다(『강릉대박 도록』).

검은색 토제 가락바퀴에 황토색 물질이 입혀졌다. 토제에도 표면에 다른 물질을 입히고 있음이 잘 나타난다. 새겨진 무늬가 인물상을 나타낸다.

7) 숫돌

숫돌이라 한다(창녕박물관).

그러나 갈린 부분이 보이지 않아 숫돌은 아닌 듯하다.

자연석이 아닌 유물이므로 용도가 있을 것이다. 인물상이 나타나 있다.

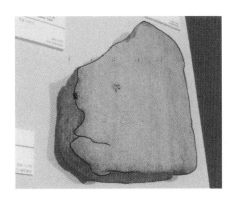

8) 갈판과 갈돌

울산 송정동유적의 갈돌이다(울산박물관).

뚜렷하지는 않지만, 인위적으로 그은 것이 분명한 선이 인물상을 나타내는 듯
하다.

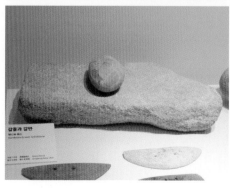

　연천 삼거리유적의 갈돌이다(경기도박물관).

　갈판은 갈면 표면이 마모되어 사라지므로, 미세하게 형상이 나타나 있다면 인위적 현상일 가능성이 크다.

　표면을 다듬고, 선을 그어 인물상을 새긴 듯하다.

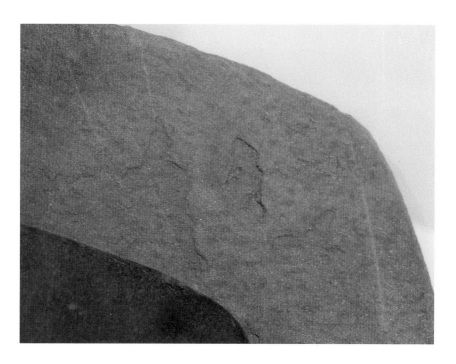

9) 발화석

충주 조동리유적의 발화석이다(『충북대박 도록』).

발화공 구멍이 인물상을 나타낸다.

발화석이 아니며, 발화석의 형식을 취해 조성해 놓은 것으로 보인다.

발화공으로 설명된 구멍은 고인돌의 바위구멍과 같은 것으로 해석된다.

위 발화석을 거꾸로 보아도 인물상을 나타내는 듯하다.
네 구멍이 두 눈과 코, 입을 표시한다.

단양 수양개유적 발화석이다(『충북대박 도록』).

발화용 구멍으로는 너무 크고, 정밀한 원형을 나타내서, 발화공으로 보기 어렵다. 의도적으로 구멍을 다듬었음이 분명하다.

구멍이 형상의 눈을 나타내는 듯하다.

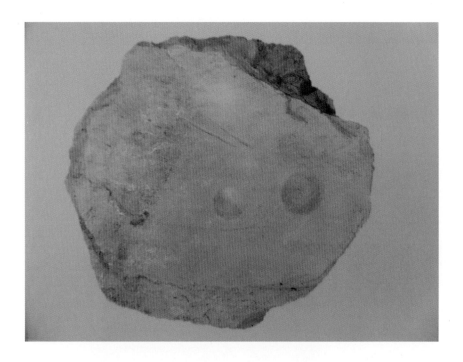

거꾸로 보면 아래쪽에 홈으로 입을 표시한 인물상이 뚜렷하다.

위 발화석과 함께 출토된 발화석이다.

마찬가지로 구멍의 원의 형태가 너무 정밀하다. 발화공으로 보기 어렵다.

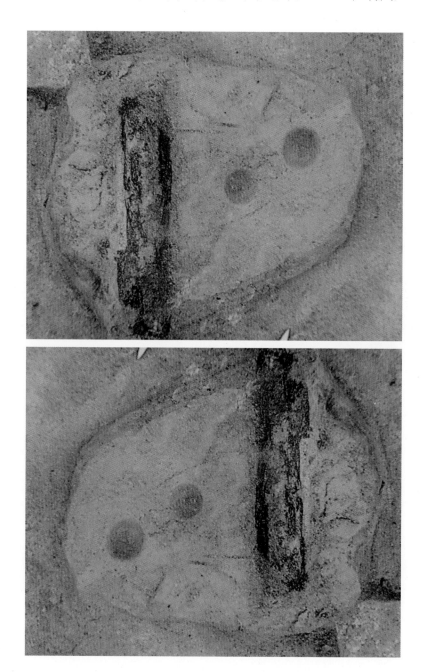

아래쪽에 선으로 입이 새겨져 있어서, 인물상을 조성한 듯하다.

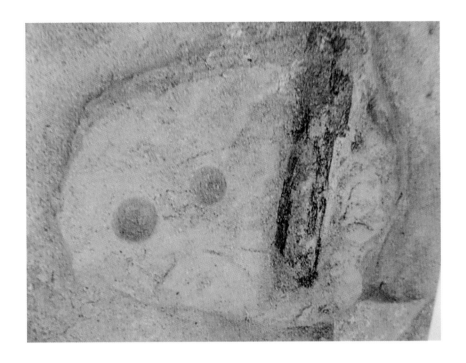

맞뚫리지 않는 구멍이 사람형상을 조성하는 기능을 함이 증명된다.

이는 고인돌과 바위, 암반에 나타난 바위구멍의 의미를 해명해 준다.
동물뼈에 나타난 구멍도 마찬가지다.

위 발화석들이 발견된 수양개 2지구에서 대단히 큰 삼한시대 취락터가 찾아져, 많은 토기를 비롯한 곡물 등이 발굴되어, 당시 생활을 복원하는데 크게 기여하게 되었다 한다(『충북대박 도록』).

그런데 수양개 2지구는 물에 바싹 붙어 있으며, 수면과 높이가 거의 유사하다. 여름에 비가 와 큰물이 지면 물에 잠기게 될 것은 불문가지다.

이런 유적지가 생활을 한 취락지라는 설명은 지형이 변했을 것을 감안해도 전혀 가능성이 없어 보인다.

따라서 발화석이란 설명도 맞지 않다. 발화석처럼 보이게 조성해 놓은 유물로 해석된다.

수양개 유적은 의도적으로 조성해 놓은 유적지임이 분명해 보인다.

이는 유사한 환경의 다른 유적지들도 모두 의도적으로 조성해 놓은 것으로 유추할 수 있다.

강릉 안인리유적 발화석이다(『강릉대박 도록』).

그러나 발화석으로 보기에는 구멍이 너무 크고 깊다.

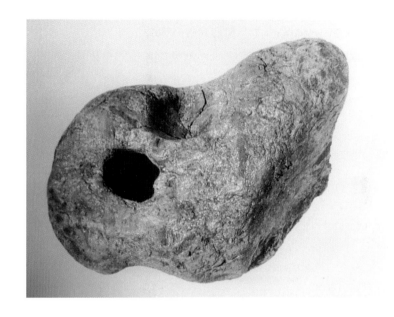

다른 방향에서 보면 구멍이 눈을 나타내는 인물상으로 보인다.

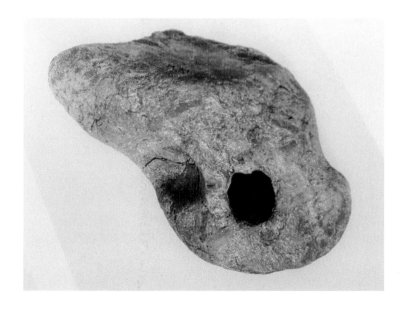

10) 다양한 석기

울진 죽변리유적의 신석기시대 뒤지개다(경주박물관).
신석기시대에 돌에 어떻게 이런 선을 그었을까?
날카로운 금속성 도구가 없이는 불가능해 보인다.

통영 욱지도유적의 석기다(『통영』).

표면에 인물상이 새겨져 있다.

이 인물상의 입을 나타내는 미세한 선이 자체로 인물상을 나타내는 듯하다.

청도 오진리유적의 신석기시대 석기다(『대구박 도록』).
인물상을 나타낸 것으로 보인다.

충주 조동리유적의 석기다(『충북대박 도록』).

색감이 눈을 표시한다.

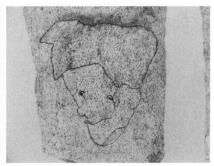

파주 교하리유적의 석기다(『고인돌』).

4각형으로 다듬어진 용도가 불분명한 석재유물의 의미는 무엇일까?

표면을 얇게 다듬어 인물상을 나타냈다.

사천 본촌리유적의 동검 암각화다(『한국의 청동기문화』).
잘린 부분이 뚜렷한 인물상을 나타낸다.

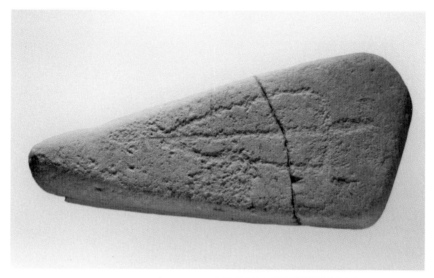

11장 금동제품의 사람형상

1. 금동관

서산 부장리 고분 출토 금동관이다(『나주박 도록』).

문양이 인물상을 나타낸다. 내부에 인물상이 중첩해 있다.

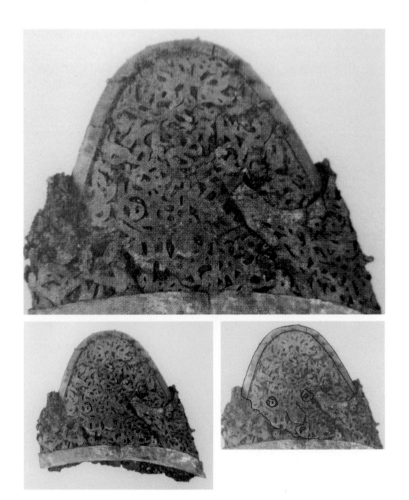

익산 입점리고분 출토 금동관이다(『한성백제박 도록』).

    고령 지산동 고분군 탐방로에서 금동관모과 귀걸이, 목걸이 등의 장신구가 나왔다.

    탐방로 출토 금동관 꾸미개다(대가야박물관).

    탐방로 출토 금동관 꾸미개가 나타내는 인물상은 지산동 고분이 무덤이 아니며, 의도적으로 조성해 놓은 유적지임을 증언한다.

2. 금동신발

익산 입점리고분 출토 금동신발이다(『전북의 고대문화』).

금동제품의 떨어져 나간 부분이 날카롭지 않아서 인위적인 현상으로 보인다.

균열선이 윤곽선을 이루는 인물상이 나타나 있다.

경주 금관총 출토 금동신발이다(경주박물관).

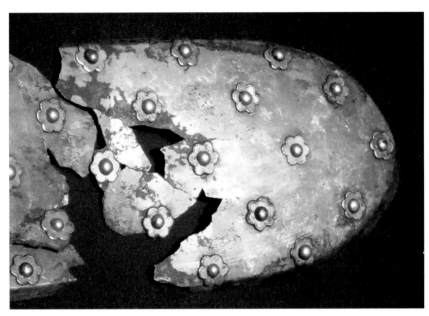

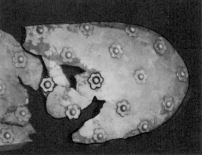

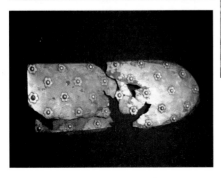

3. 장신구

청원 주성리유적 금제 귀걸이에 검은색이 입혀졌다(『백제』).

금색을 가리는 검은색이 입혀진 이유는 무엇일까?

실제 사용된 물품이 아니라, 의도적으로 매장해 놓았음을 나타내기 위한 것
으로 해석된다.

금 귀걸이다(『울산대곡박 도록』).

쭈그러진 모습이 인물상을 나타내는 듯하다.

쭈그러진 모습이 형상을 나타낸다 해도, 의도적인 현상인지 확인은 어려움을 감안하며 보기로 하자.

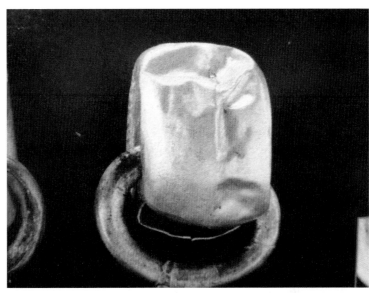

의성 탑리유적 출토 장신구다(『대구박 도록』).

의성 탑리유적 출토 장신구다(『대구박 도록』).

우측 날개 아래 부분에 두 눈과 입이 뚜렷하다.

평안북도 운산 용호동유적 출토 장신구다(『고분미술』).
고구려 유물이라 한다.

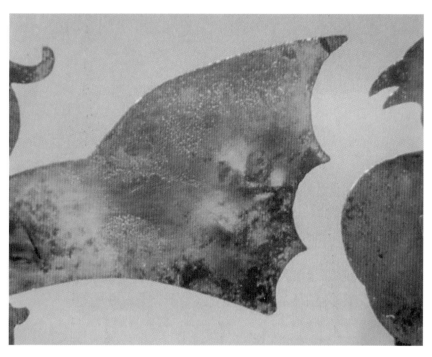

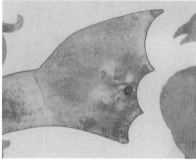

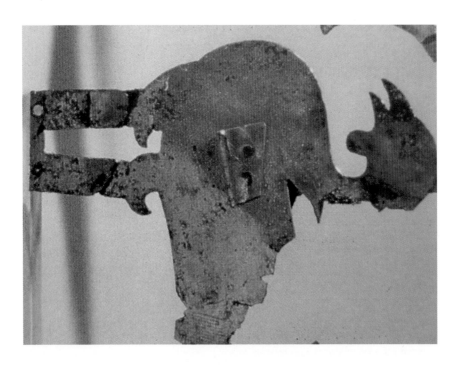

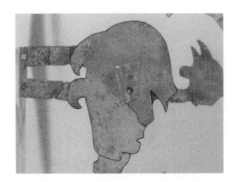

4. 다양한 유물

청동 도끼편이다(부여박물관).
다른 방향에서 보면 인물상이 뚜렷하다.

경주 지역 청동합이다(『고분미술』).

뚜껑의 균열이 인물상의 형태이며, 눈을 인위적으로 표시했음이 분명하다.

경주 황남대총 출토 금 그릇이다(『고분미술』).

금으로 만든 그릇에 붉은 색감이 나타나 있다.

색감이 뚜렷한 눈의 인물상을 나타낸다.

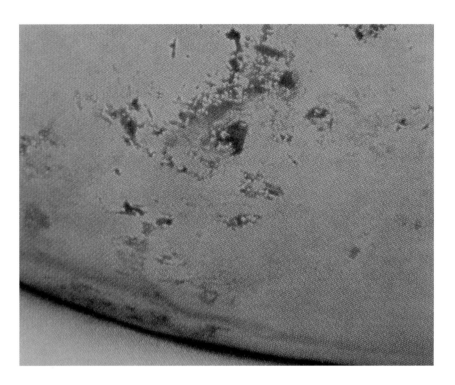

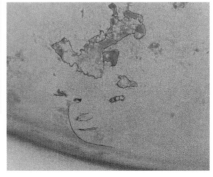

서울 석촌동유적 출토 은제 귀이개(길이 4.1㎝)다(『백제』).

귀이개로 보기에는 머리 부분이 너무 퉁퉁하다.

머리 부분이 인물상을 표현하는 작품으로 보인다.

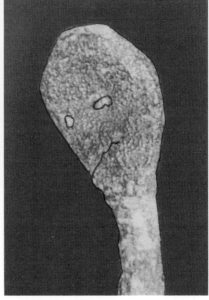

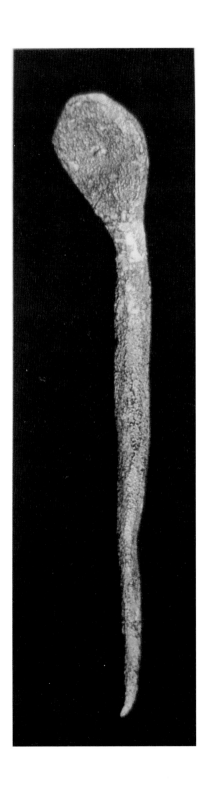

5. 청동거울

화순 대곡리유적의 청동거울이다(『한국의 청동기 문화』).

인위적으로 그은 것이 분명한 선들이 그어져 있다. 왜 선을 그었을까?

선이 인물상을 나타내는 듯하다.

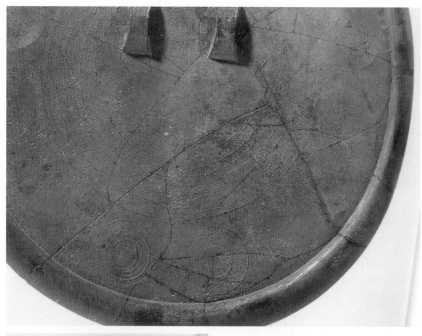

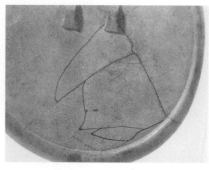

이 청동거울의 뒷면이다(광주박물관).

좌측의 한 부분에만 둥글게 그어진 선은 인위적으로 그었음이 분명하다.

우측 아랫부분 표면 벗겨진 곳까지 길게 이어지며 그어진 선은 선이 균열로
나타난 것이 아니라, 인위적으로 그었음을 증명한다.

뒷면이 거울로 사용된 부분인데, 인위적으로 그어진 선들이 다수 나타나 있
어 거울의 기능을 할 수 없음이 자명하다.

청동거울이 거울로 사용된 것이 아님을 증명한다.

균열선이 인물상을 나타낸다.

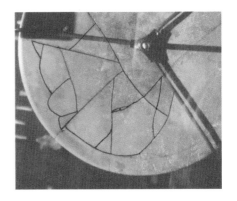

두 눈가 눈을 나타내는 인물상으로 보인다.

두 동심원이 눈을 나타내는 듯하다.

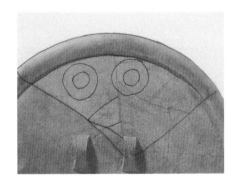

경주 황남대총 출토 청동거울이다(『경주박 도록』).

그은 선이 나타나 있다. 그은 선과 깨진 선이 이어져 있어서 인위적으로 깨트린 것으로 보인다. 깨진 부분이 인물상을 나타낸다.

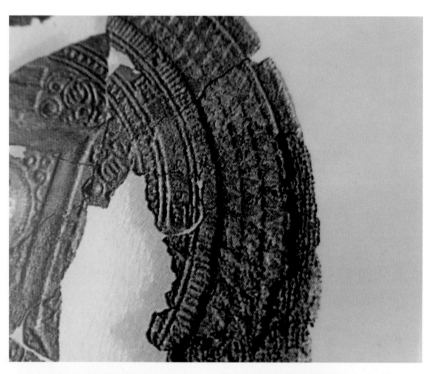

483

청주 오송유적 출토 청동거울이다(『한국의 청동기 문화』).

다수의 그은 선이 나타나 있다.

거꾸로 보면 중앙 부분이 인물상을 나타내는 듯하다. 깨진 부분이 윤곽선과 눈을 이루고, 선이 입을 나타낸다.

원하는 형태로 청동판을 자를 수 있었음이 증명된다.

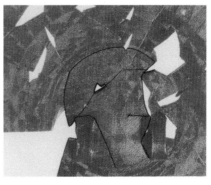

전주 여의동유적 청동거울이다(『전북의 고대문화』).
두 뉴가 눈과 입을 표시하는 인물상이 끼워져 있다.
색상도 달라서 끼워 넣었음이 분명하다.

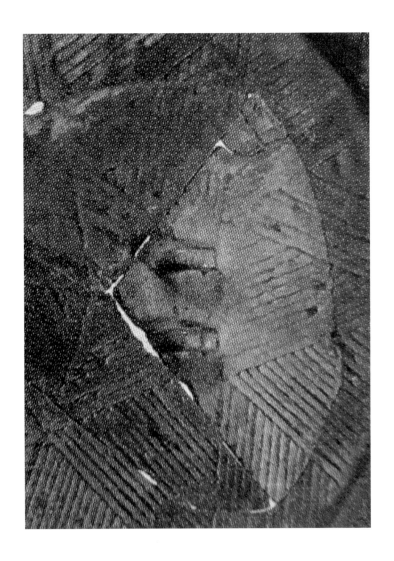

내부에 대나무 발이 들어 있는 청동거울의 의미는 무엇일까?(『경주박 도록』)
운모가 놓여 있는 의미도 궁금하다. 둥근 운모가 인물상을 나타내서 생명형
상과 관련 있음을 알 수 있다.

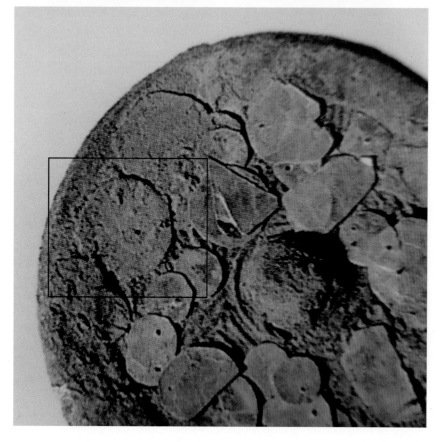

청동거울에 인물상을 별도로 제작해서 끼워 넣으려면 그에 걸맞는 높은 수준의 기술이 있어야 할 것이다.

그런데 현대 거울에 비하면 반사 능력이 현저히 부족한 청동거울은 낮은 문명 수준을 상징해서 모순이다.

청동거울에 나타난, 문양이나 기계장치 없이는 불가능해 보이는 잘린 부분 등은 낮은 문명인가에 의문을 제기한다.

경주박물관 도록에 실린 다음 청동거울은 대나무 발이 청동 면의 안쪽에 끼워져 있다.

경주박물관에 전시된 반대면은 청동판 위에 대나물 발이 얹혀진 모습이다.

청동거울은 청동을 주조해 만든다는 당연한 상식에 어긋나는 모습이다. 어떤
방식으로 제작했는지 의문이다.

청동의 거울은 그리 뚜렷하지 않을 것이다. 당시에 과학기술이 발달했을 것으로 추정된다면 이런 거울을 사용했다는 것은 모순이다.

공주 무령왕릉에서 총 3점의 청동거울이 발견되었다.

무령왕릉에서는 유리 표면에 황토색 물질을 입힌 구슬도 발견되었다.

유리 뒷면에 특수한 물질을 입혀 거울을 제작하는데, 유리가 존재하고 유리에 다른 물질을 입힐 수 있었다면, 유리거울도 제작이 가능했을 수도 있을 것이다.

무령왕릉의 유리구슬에 입혀진 황토색 물질의 성분에 대한 분석도 필요해 보인다.

이상에서 살펴봤듯이 고대의 유물로 출토되는 청동거울은 실제 사용된 것이 아닌 듯하다.

청동거물은 낮은 문명의 상징이 아니라 고도 문명의 상징일 가능성이 크다.

12장   다양한 유물의 사람형상

1. 유리

여러 고대유적지에서 많은 유리구슬이 발견되었다. 장신구로 사용되었던 것으로 보이는 것이 대부분인데, 이런 장신구 구슬은 작거나 형태가 단순해서 생명형상을 확인하기 어렵다. 잔으로 사용된 유리제품도 유사하다. 이들 유리구슬이나 제품들이 생명형상이 표현된 유물들과 함께 출토되므로, 유리제품도 같은 성격일 것을 감안하면 아쉬운 점이다.

춘천박물관 유리 특별전에서 경주 황남대총 출토 유리병을 가까이에서 살펴볼 수 있었다. 조각난 것을 복원했는데, 병 전체에 균열이 가 있는 모습이 복원한 토기와 유사하다. 다른 유리제품에서는 보지 못한 모습이다. 토기와 유사한 모습의 균열선이 우연히 나타난 것일까?

토기처럼 균열선이 형상을 표현하는지 살펴보자.

유리병에 나타난 형상은 현재로서는 확정하기 어려움을 감안하면서 살펴보자. 균열선이 인물상의 형태를 그림을 그리듯 표현하였다. 기포처럼 보이나 기포로 보기에는 규모가 큰 둥근 원형이 눈을 나타낸다.

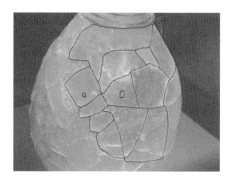

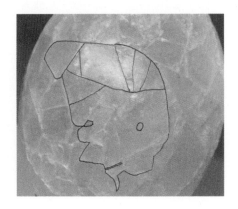

길게 그어진 균열선이 형상을 나타낸다.

옆에서 본 형상이다.

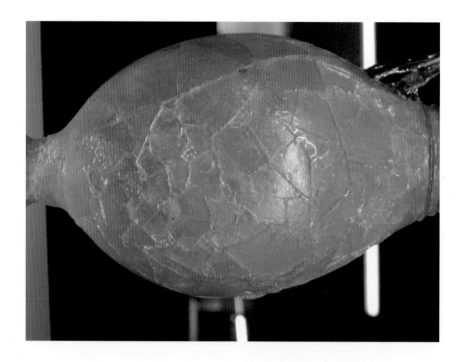

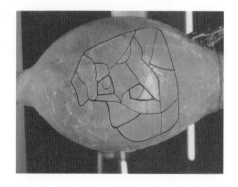

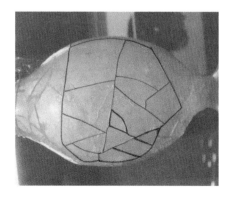

병을 거꾸로 보면 나타나는 형상이다.

균열선이 인물상의 형태와 눈, 코, 입을 표현한다.

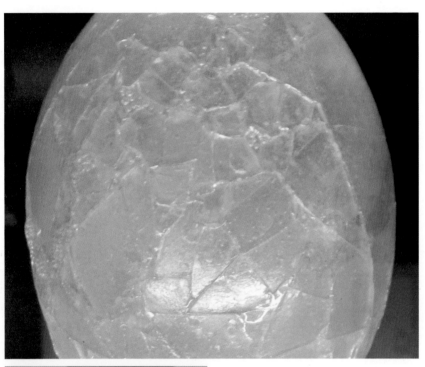

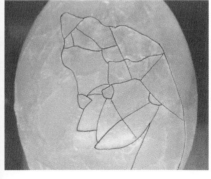

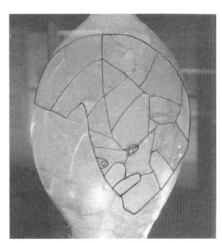

유리는 현대문명을 이루는 데 중요한 기능을 하고 있다.
유리 특별전에 게시된 설명을 보자.

유리, 우리의 세상을 잇다

오늘날 우리는 휴대하기에 최적화된 성능의 디스플레이로 인터넷망에 접속하여 시·공간을 뛰어넘으며 서로 만나고 있다. 그러나 이러한 관계망을 떠받치고 있는 것이 유리임은 잊기 쉽다. 우리는 유리 렌즈를 통해 사진을 찍고 유리 섬유로 만들어진 회로판에 사진을 저장하며, 유리로 만든 화면에 사진을 띄운다. 또한 해저에 깔린 광섬유 케이블을 통해 그것을 전달한다. 이처럼 우리의 세상은 유리를 통해 더욱 촘촘하게 이어지고 있다.

이렇게 다양하게 활용되는 유리는 어떻게 발견되었을까?
특별전에 게시된 설명을 보자.

"유리는 토기, 금속기와 더불어 인류의 대표적인 발명품이다.
유리는 우연한 발견과 혁신을 거치며 오늘에 이르렀다."

유리를 중동지방에서 모래 위에 불을 피우는 과정에서 우연히 발견한 것으로 추정한다.
그러나 높은 온도로 가열해야 하는 유리를 모닥불을 피우는 과정에서 우연히 발견하기는 불가능해 보인다.
더구나 첨가물이 없는 상태에서는 1,700도 이상의 높은 온도가 필요하다면 더욱 그렇다.

특별전에 게시된 글을 보자.

보석을 닮은 유리를 만들다

유리는 모래나 돌조각을 녹여서 만든다. 그런데 이것이 녹기 위해서는 1,700℃ 이상의 높은 온도가 필요했기 때문에 여기에 각종 재료를 첨가하여 1,150℃라는 낮은 온도에서 유리를 제작할 수 있게 되었다. 어떤 것을 넣는지에 따라 다양한 색을 낼 수 있고, 불을 가하면 잘 휘어지는 성질이 있어 원하는 모양을 쉽게 만들 수 있다. 유리의 이러한 성질을 이용하여 고대부터 구슬이나 용기를 만드는 다양한 방법이 고안되어 왔다.

1,700도의 온도는 자연상태에서 불을 피워서는 나타날 수 없으므로, 유리는 우연히 발견될 수 없다고 생각된다.

각종 재료를 첨가해 1,150도에서 제작할 수 있었다는데, 첨가물을 발견하는 과정도 우연일 수 없다.

유리구슬을 제작했던 거푸집이 발견되므로, 유리를 국내에서도 가공했던 것이 증명되는데, 이런 기술이 조선시대로 이어지지 않은 점이 의문이다.

후대로 갈수록 물질문명이 발달해 감을 감안하면, 유통이나 자체 제작 등 어떤 방법으로든 유리가 이어지며 사용되는 것이 자연스럽기 때문이다.

이는 유리가 실생활에 사용된 물건이 아니며, 의도적으로 매장해 놓았음을 추정케 한다.

유리는 원시사회에서 우연히 발견할 수 있는 것이 아니어서, 이 또한 도자기처럼 더 이전의 고대문명에서 전수한 것은 아닐까 추정된다.

황남대총 출토 유리병의 균열선이 나타내는 사람형상은 이를 증언한다.

2. 곡물

여러 유적지에서 다양한 곡물이 불에 탄 채, 다른 유물과 함께 출토되었다. 함께 발견되는 다른 유물들이 생명형상과 관련 있어서, 곡물도 관련 있을 수 있으므로 이런 관점에서 살펴보자.

곡물은 불에 타서 탄화되지 않았다면 모두 썩어 없어졌을 것이다. 그런데 불에 탄 모습을 보면 균일하게 탄 상태가 많다. 불에 탔다면 심하게 타서 형태를 알아보기 어려운 것과, 덜 탄 것이 섞여 있는 것이 자연스럽다. 오랫동안 보존되도록 적절하게 불에 태워 남겼을 가능성이 크다.

토기에 부착된 벼가 발견됨은 곡물이 다른 유물과 밀접하게 관련 있음을 나타낸다. 성주 성산리 고분 출토 '벼 낟알 묻은 굽다리접시'를 보자(『계명대박 도록』). 토기 옆면에 의도적으로 부착시키지 않고서는 벼가 묻을 리 없다. 성형과정에서 묻었다면 불에 구울 때 타서 없어질 것이므로, 완성된 토기에 의도적으로 부착시겼을 것으로 추정된다.

충주 조동리유적 복숭아 씨다(『충북대박 도록』).

다른 것들은 색이 비슷한데, 하나만 거의 변하지 않은 듯 색이 다르다. 자연적 현상일 수는 없으며 보존되도록 하는 어떤 조치가 있었을 것으로 추정된다.

아래쪽의 눈 모양의 구멍 과, 이 구멍과 유사한 형태로 다듬어진 부분이 두 눈을 나 타내는 인물상이 뚜렷하다.

거꾸로 보면 윗부분이 완전한 형태의 인물상을 나타낸다.
아래쪽에 세 구멍이 눈과 입을 나타내는 형상이 중첩해 있다.

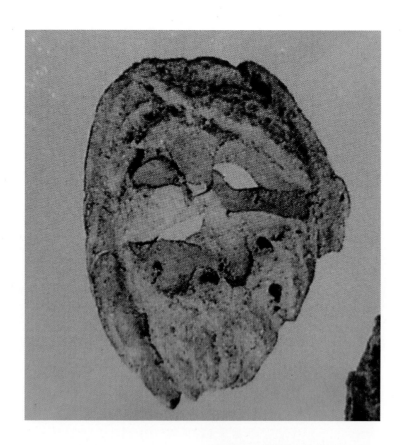

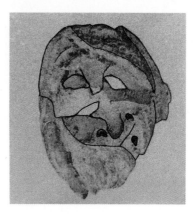

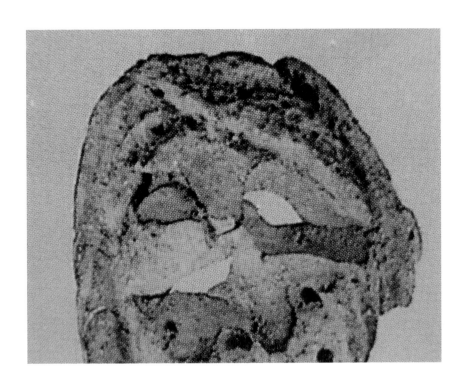

색이 변한 복숭아씨도 인물상을 표현하는 듯하다.

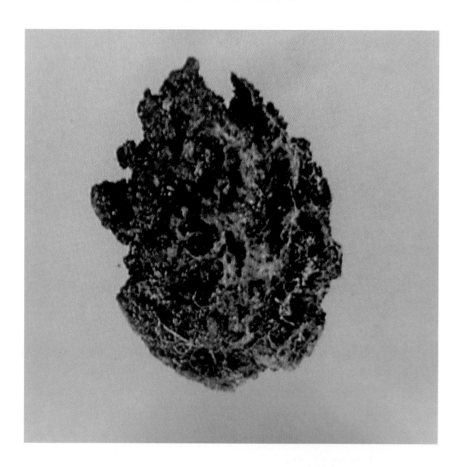

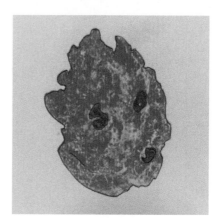

함께 발견된 도토리에도 인물상이 나타난다.

곡물에 나타난 사람형상은 다른 유물처럼 곡물도 의도적으로 매장해 놓았음을 증명한다.

위 곡물들이 출토된 조동리의 1호 집터를 보자(『충북대박 도록』).

유물을 의도적으로 매장해 놓았다면, 유물이 출토된 집자리도 의도적으로 조성했을 것이다. 유적지는 오랜 시간이 지나며 변형이 있을 수 있지만 나타난 그대로를 살펴보자.

둥근 두 조약돌이 눈을 표시하고, 구덩이가 입을 표시하는 형상으로 보인다.

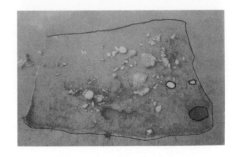

3. 무덤 덮개돌, 막음돌

고령 지산리 30호분 뚜껑돌에 바위그림이 새겨져 있다(『대가야박 도록』). 이에 대한 설명을 보자.

"1994년 대가야왕릉전시관을 건립하기 위한 발굴조사 때, 대가야시대의 무덤에서 청동기시대의 바위그림이 나왔다. 대가야시대 사람들이 무덤을 만들면서 청동기시대 바위그림이 새겨진 돌들을 떼어 와 무덤 뚜껑돌로 사용했던 것이다."

뚜껑돌의 모습이다. 바위그림 사이로 선들이 다수 그어져 있다. 그런데 이에 대한 설명은 없다. 자연적으로 그어진 선으로 보기 때문일 것이다.

그러나 상식적 차원에서 보아도 선이 자연적으로 나타날 수 없어 보인다. 서로 교차하는 것도 아니면서, 선과 선이 정확하게 만나는 현상은 인위적으로 그은 것을 증명한다.

선이 윤곽선을 그리고 바위구멍이 눈과 입을 표시한 형상이다.

함안 말이산 13호분 뚜껑돌 밑면에도 바위구멍이 새겨져 있다. 이 뚜껑돌들
을 모두 청동기시대의 바위그림이 새겨진 바위를 떼어와 사용한 것으로 추정한
다. 그러나 이는 단지 추정일 뿐이다.

이들이 생명형상과 관련 있어서 어떤 경우든 분명한 의도하에 새겼음을 나타
낸다.

선이 인물상의 윤곽선을 그린다.

두 바위구멍을 무시하고 보면, 바위구멍이 눈을 나타내는 인물상이 뚜렷하다.

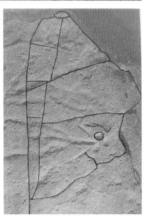

나주 복암리 1호분의 뒤쪽 막음돌이 반듯하지 않다(『백제』).

주변 쌓은 돌들이 반듯하게 다듬어져 있어서 막음돌 역시 반듯해야 할 것인데, 그렇지 않다.

막음돌이 인물상을 나타내는 듯하다.

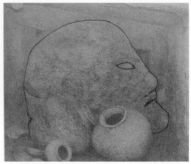

4. 비석

경주 동부동 발견 문무왕비의 아랫부분을 보자(『경주박 도록』).

옆으로 돌리면 바위구멍이 눈을 나타내는 인물상이다.

원 상태라면 바위구멍이 새겨져 있어도 인물상을 나타내지 않을 것을 감안하면, 의도적으로 깨트린 것으로 볼 수 있다.

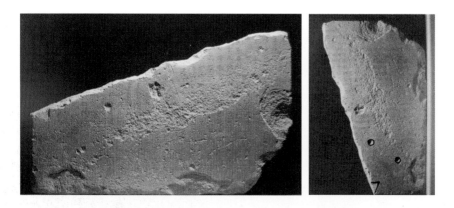

위 형상 윗부분에 나타난 인물상이다. 표면을 다듬어 형태를 조성했다.

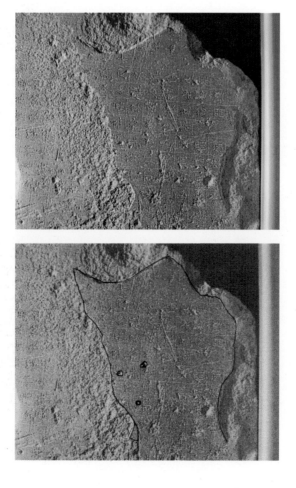

5. 철기류

앞에서 단양 수양개의 삼한시대 유적지가 강변에 근접해 있어서, 자연적인 생활유적지가 아니라, 의도적으로 조성해 놓은 것으로 추정했다.

따라서 여기에서 출토된 철화살촉 또한 의도적으로 매장한 것으로 추정할 수 있다(『충북대박 도록』). 철화살촉의 슴베 부분이 석기시대의 돌화살촉과 같은 형태여서 이를 뒷받침한다.

옆에서 보면, 철화살촉에 나타난 두 구멍이 형상의 눈을 나타내서 이를 증명한다.

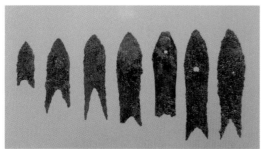

제천지역의 각종 철기류 사이에 철화살촉이 보인다(『청주박 도록』).

두 구멍이 뚫린 철화살촉은 앞의 수양개 철화살촉와 구멍의 위치가 다를 뿐 매우 흡사하다.

확정할 수는 없지만, 용도가 확인되지 않은 두 구멍은 반월형돌칼의 두 구멍처럼 눈을 표시하는 것으로 보인다.

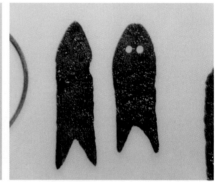

청주 신봉동유적의 철화살촉이다(『청주박 도록』).

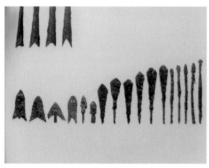

경주 구어리 고분 출토품이다(경주박물관).

세 홈이 눈과 입을 표시한다.

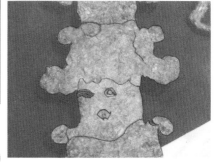

거꾸로 보아도 인물상이 나타난다.

517

공주 수촌리 고분 출토 살포다(『한성백제박 도록』).

앞에서도 살펴봤는데, 다른 사진이므로 다시 보기로 하자.

철제유물에는 녹이 슬어 있으므로 형상이 뚜렷하지 않음을 감안하며 살펴

보자.

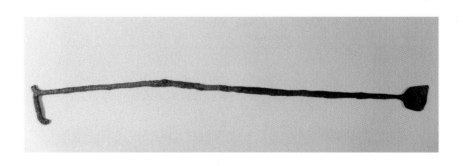

청주 신봉동 고분의 살포에도 형상이 나타난다(청주박물관).

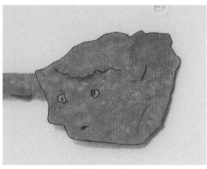

울산대곡박물관에 대곡댐수몰지구인 방리마을의 철을 생산하던 제련로가 옮겨져 있다. 고대 철제유물이 생명형상과 관련 있다면, 이들을 생산하던 유사한 시기의 방리유적의 제련로 또한 관련 있을 수 있다. 방리 제련로의 모습이다.

제련로 우측 부분 벽에 선들이 그어져 있다.
선이 인물상의 윤곽선과 눈, 입을 표시한다.

제련로 아랫부분에 불에 전혀 그을리지 않은 부분은 제련로가 실제로 사용되지는 않았음을 나타낸다.

전체의 형태와 돌이 인물상을 나타내는 듯하다.

　이상으로 방리 제련로는 실제 사용된 것이 아니라, 제련로 형식을 빌려서 조성해 놓은 작품임을 알 수 있다. 철제유물과 같은 성격으로 해석된다.

　제련로 뒤쪽의 모습을 보자.
　위쪽에 나타난 반듯한 것들은 벽돌처럼 보이기도 한다.

우측 부분에 갈라진 돌이 박혀 있어서 의문이다.

이미 갈라져 있던 돌들을 모아서 이처럼 배치하지는 않았을 것이므로, 이 위치에 배치할 때 갈라진 것으로 추정할 수 있다.

돌이 일시에 자연적으로 이런 형태로 갈라지지는 않으므로, 인위적으로 자른 것이 분명하다.

이처럼 돌을 자르려면 다음의 순서여야 가능할 것이다.

① 중간 아랫부분을 가로로 두 번 자른다.

② 위쪽 부분을 세로로 자른다.

③ 위쪽 부분의 좌측 부분을 가로로 자른다.

인위적으로 돌을 잘랐음이 잘 나타나는데, 기계칼로 자른 것과 달라서 어떻게 잘랐는지 의문이다.

단양 수양개 구석기시대 유적에서도 유사하게 잘린 돌이 발견되었다.

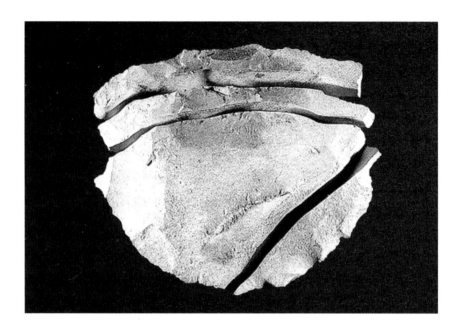

방리 제련로의 잘린 돌은 수양개의 이 구석기도 떼어내기로 분리한 것이 아니라, 같은 방법으로 잘랐음을 증언한다.

현대의 기계와 다른 어떤 도구로 잘랐거나, 현대에 미처 알지 못한 자연법칙을 이용해 잘랐을 수 있다.

13장 동물뼈의 사람형상

1. 구석기시대

청원 두루봉동굴의 구석기시대 유적을 살펴보자(『충북대박 도록』).

얼굴모양 예술품은 구석기시대에 뼈에 인물상을 새기고 있음을 증명한다.
웃는 듯한 형상인데, 실사도는 입 한쪽이 치켜 올라갔다.
실물은 입이 반듯하다. 그런데도 웃는 듯한 유사한 느낌이 드는 것은 입 속
에 홈이 파여 있기 때문으로 보인다.
단순하게 세 홈을 파서 인물상을 표현한 것이 아닌 듯하다.

동굴곰의 뼈 출토 모습과 복원된 모습이다.

생활공간인 동굴 내부에 이처럼 뼈를 쌓아 놓을 리 없다. 자연스러운 사냥의 결과물이 아니며, 의도적으로 뼈를 배치해 놓은 것으로 해석된다.

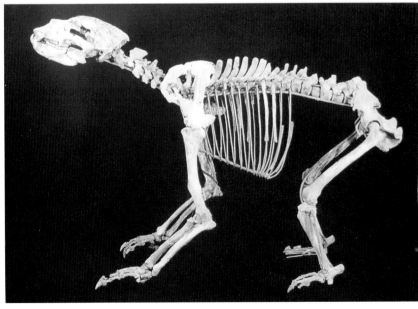

동굴곰의 머리뼈다. 이빨이 인물상을 나타낸다.

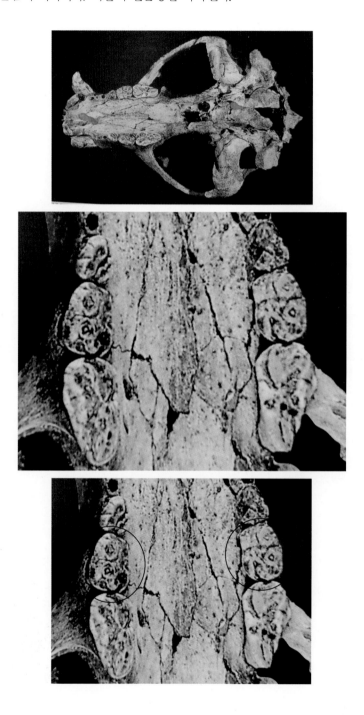

단양 구낭굴유적에서 출토된 구석기시대 동물뼈를 살펴보자.

다음 곰의 어금니는 함께 출토된 다른 어금니들과 형태가 많이 다르다(단양 수
양개유적전시관).

검은 테두리가 둥근 흰 부분을 감싸 두 눈처럼 보인다.

구석기시대 유적의 동물뼈 치아에도 인물상이 새겨져 있어서, 앞에서 살펴본 무령왕릉이나 신덕고분의 인골 치아와 동일하다.

고분 인골의 생명형상이 구석기시대부터 맥이 이어져 왔음을 알 수 있다.

호랑이 송곳니다(『충북대박 도록』).

인위적으로 그은 것이 분명한 선이 그어져 있다. 무슨 이유일까. 선이 형상의 윤곽선을 이루고, 색감으로 눈과 입을 표시하는 듯하다.

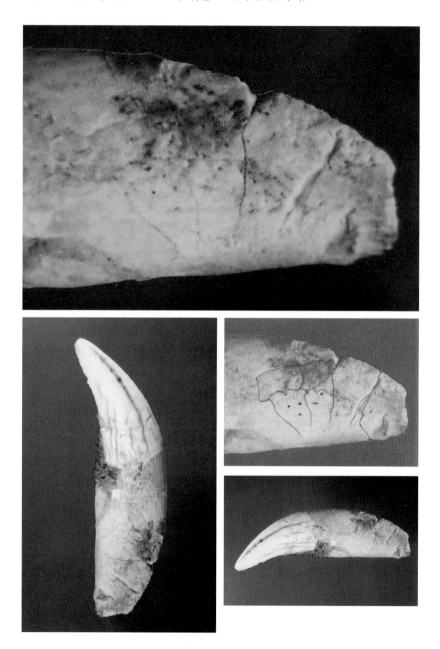

곰 아래턱 뼈다(『충북대박 도록』).

표면의 일부가 벗겨졌다. 이를 거꾸로 보면 표면 벗겨진 부분이 윤곽선을 이루는 인물상이 나타난다. 색감으로 머리카락과 눈을 표시했다.

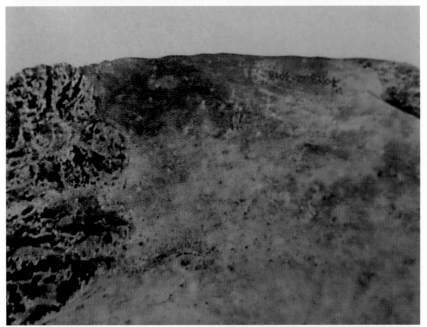

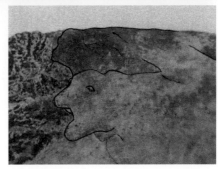

뼈 연모라 한다(『충북대박 도록』).

선 형태로 다듬어 윤곽선을 나타내고, 색감으로 눈과 입을 표시했다.

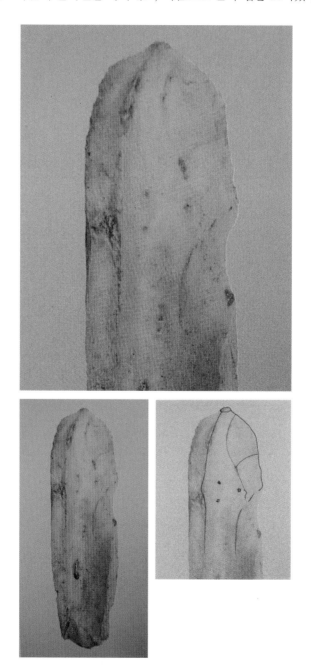

자른 자국이 관찰된 곰 둘째 발가락이다(길이 3.7㎝)(『충북대박 도록』).
홈이 나타내는 인물상이 뚜렷하다.

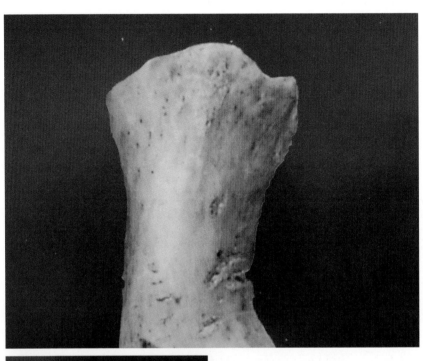

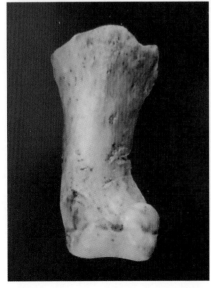

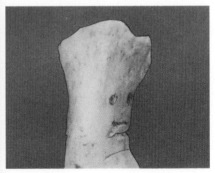

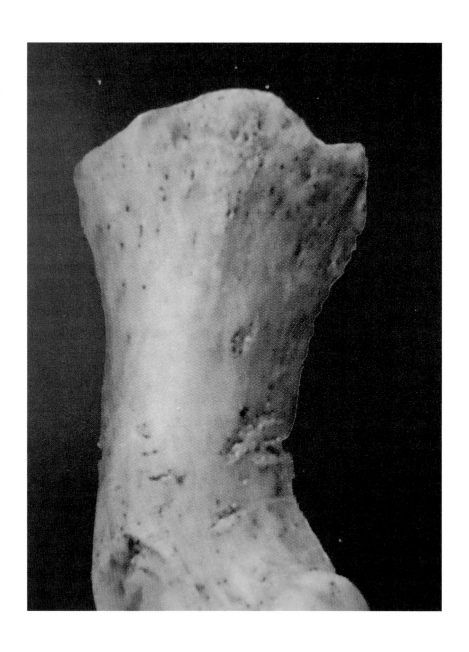

위 뼈를 거꾸로 보아도 인물상이 나타난다.

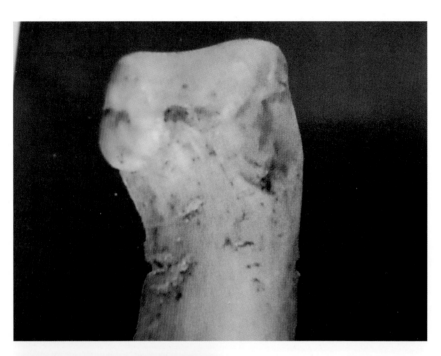

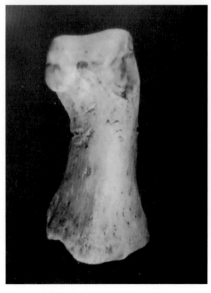

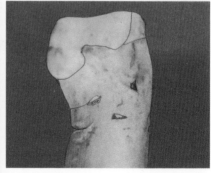

2. 신석기시대

양산 다방동 조개더미유적의 '점치는 뼈'라 소개된 유물을 보자(중앙박물관).

뼈를 자른 자국이 많이 나타나 있다. 의도적으로 자른 선이어서, 불로 지진 후 균열된 선을 분석해 점치는 것과는 아무런 상관이 없다.

신석기시대에 어떤 도구로 단단한 뼈를 이처럼 자를 수 있었는지는 알 수 없 지만, 현대의 과학기술을 이용한 것과 유사한 도구가 아니고서는 불가능해 보 인다.

뚜렷하지는 않으나 뼈에 새겨진 선들이 형상을 나타낸다.
잘려진 선들을 가로지르는 선이 윤곽선을 이룬다.

생명형상을 새긴 주체에 의해 뼈가 잘렸음을 알 수 있다.

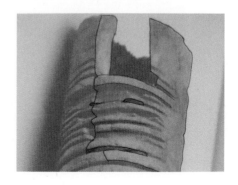

군산 여방리 남전패총 출토 동물뼈다(『금강』).

화살촉 모양으로 연필처럼 깎은 뼈는 그렇게 할 수 있는 도구가 있었음을 나타낸다. 미세하게 그어진 선 또한 마찬가지다.

사각형한 문양은 신라 토기에 많이 나타나서 서로 관련 있을 수 있다.

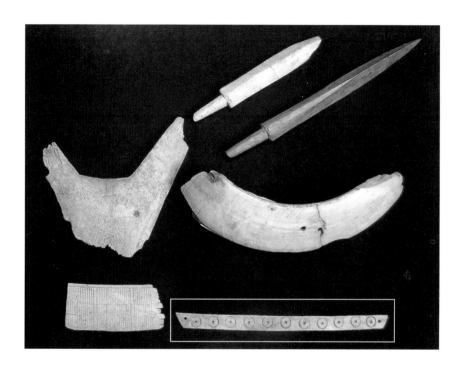

두 구멍이 눈을 나타내는 것으로 해석하는 것이 가장 타당해 보인다.

반월형돌칼은 구멍을 따라 잘린 것이 많은데, 유사한 구조다.

태안 안면도 고남리패총의 뼈 연모다(『한양대박 도록』).
끝부분이 인물상의 형태로 다듬어졌다.

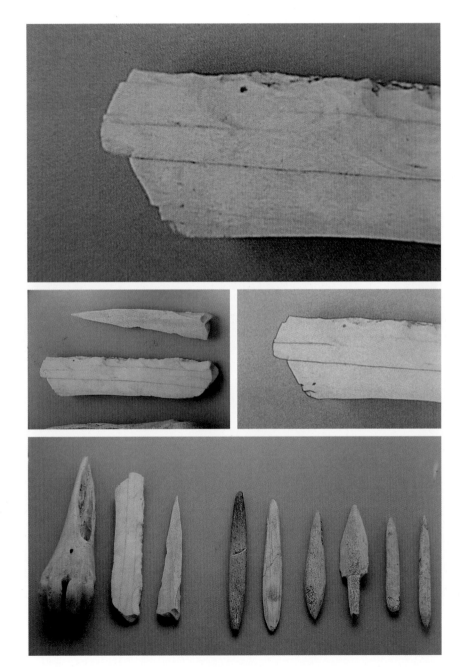

3. 철기시대

강릉 강문동 저습지유적에서 출토된 뼈들을 살펴보자(『강릉대박 도록』)

말뼈의 이빨들이 각각 뚜렷한 인물상을 나타내도록 다듬어졌다.

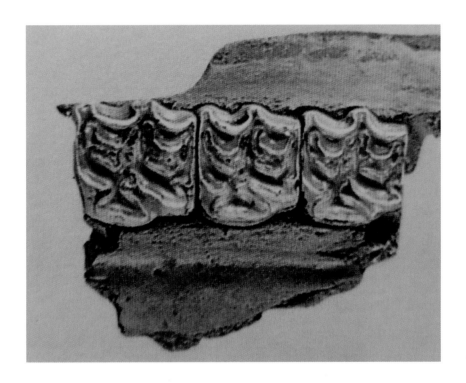

"점뼈"라 한다.

중국 땅에 있던 상나라의 갑골문자가 새겨진 갑골편의 영향으로 점을 친 뼈라 하는 듯하다.

그러나 거북이 뼈와 다르게 동물뼈에 구멍을 파고 불로 지져도, 반대 면에 균열이 나타나지 않는다. 동물뼈에 새겨진 구멍은 점을 친 것과는 상관이 없다.

세 구멍이 눈과 입을 나타내는 형상이 위아래로 중첩해 있다.

옆에서 보면 아랫부분이 형상을 나타내도록 다듬어진 듯하다.

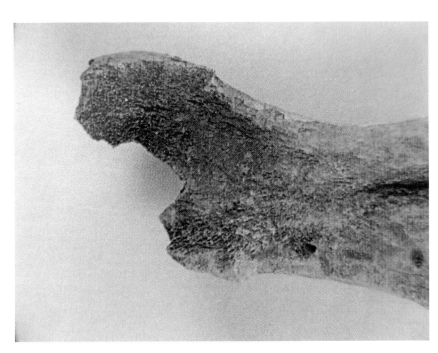

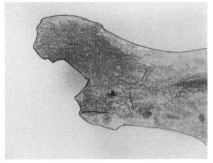

반듯하게 잘린 선이 중첩된 두 형상의 윤곽선을 나타낸다.
아래 형상의 우측 눈이 위 형상의 입을 이룬다.

관통하지 않은 구멍이 눈과 입을 표시하는 형상이다.

맨 우측의 관통한 구멍은 귀를 나타내는 듯하다.

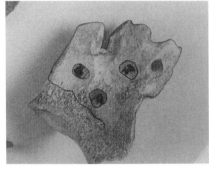

강릉 강문동 저습지유적의 돼지뼈다(『강릉대박 도록』).

전체적인 형태가 인물상을 나타내는 것으로 보인다.

동시에 뚜렷하지 않지만, 구멍이 입을 나타내는 형상으로도 볼 수 있을 듯하다.

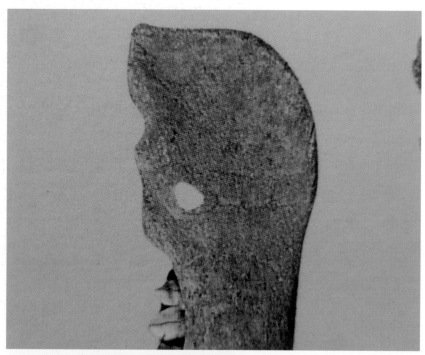

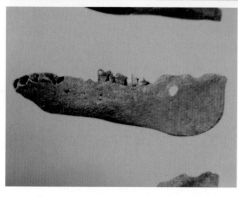

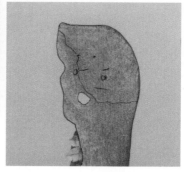

서울 몽촌토성 출토 고구려 유물인 말 머리뼈다(『고구려와 한강』).
옆에서 보면 인물상이 새겨져 있는 듯하다.

말머리뼈
馬頭蓋骨

언양 읍성에서 출토된 조선시대의 소 아래턱뼈다(『울산대곡박 도록』).
여기에도 인물상이 나타나 있어 의문이다.

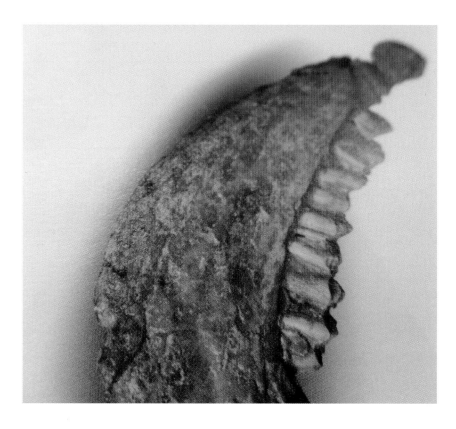

조선시대에 소뼈를 읍성을 지으며 묻은 이유가 의문이다. 발굴자들이 이를 유물로 분류한 데는 이유가 있을 것이다.

여기에 형상이 나타나 있으니 조선시대 유물이라 해서 이를 지나칠 수 없다.

구석기시대부터 신석기시대, 철기시대까지 이어지며 동물뼈 유물에 사람형상이 나타나 있다.

같은 시기의 인골에도 사람형상이 새겨져 있어서 동일하다.

생명형상을 새기는 전통이 구석기시대부터 시작되어 신석기시대, 청동기시대를 거치며 면면히 이어져 왔음이 인골과 동물뼈 유물을 통해서 증명된다.

14장 유적지가 나타내는 형상

　고대 유물에 형상이 나타나므로 유물이 출토되는 유적지도 생명형상과 관련이 있을 것이다. 유물이 출토되는 유적지 자체가 형상을 나타내는지 살펴보기로 하자.

1. 고분 유적지

　보령 평라리 고분이다(『충북대박 도록』).
　세 고리가 형상의 두 눈과 입을 나타내는 듯하다.

성주 성산동고분의 부곽은 유물들이 뒤쪽에 밀집해 모여 있고, 앞쪽에는 비어 있는 공간이 넓다(『대구박 도록』).

이곳에 놓인 세 단지는 두 눈과 입을 나타내는 배치임이 분명해 보인다.

눈을 나타내는 단지는 둥그렇고, 입을 나타내는 단지는 깨진 형태여서 더욱 그렇다.

경주 구어리 1호분의 부곽 모습이다(경주박물관).

앞쪽에 놓인 철을 갑옷과 투구라 하는데, 갑옷으로 보기에는 양이 너무 적다.

토기가 눈을, 철이 입을 나타내는 형상을 표현한 것으로 보인다.

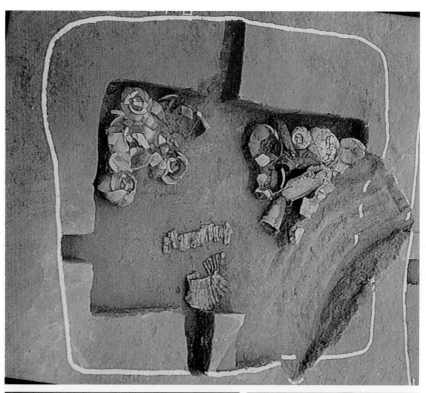

다음은 확정할 수 없지만 참고로 보기로 하자(판교박물관).

판교 석실분으로, 두 토기의 배치가 눈에 띤다.

비슷한 형태의 두 토기의 입구가 양방향을 향해 있어서, 전체 석실분을 형상의 윤곽으로 본다면, 두 눈처럼 보인다.

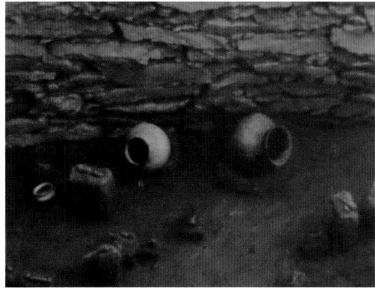

김해 대성동 70호분 발굴 현장이다(『국보를 캐는 사람들』).

깨진 유물의 잔해가 형태를 이루고, 두 단지가 눈을 표시하는 형상이 뚜렷하다.

나주 복암리고분의 재현 모습이다(복암리고분재현관).

넓은 공간에 토기만 몇 점 놓여 있다. 인근의 비슷한 시기에 조성된 나주 영동리고분의 유골이 생생함을 감안하면, 시신이 부식돼 사라진 것이 아니라, 애초에 피장자가 없었음이 분명하다.

바닥에 깔린 돌이 윤곽선을 나타내고, 작은 두 단지가 눈을 나타낸다.

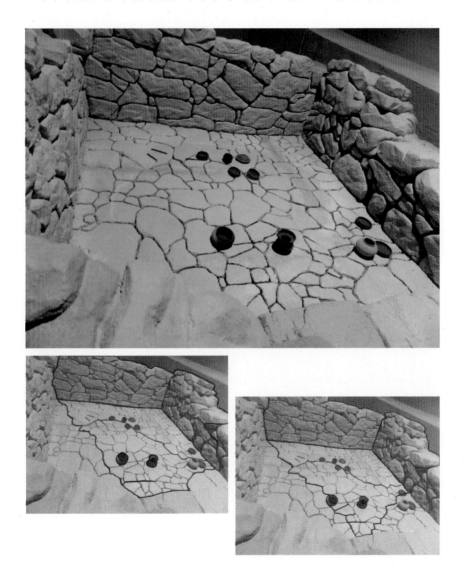

강릉 영진리고분 전경이다(『강릉대박 도록』).

단지 하나가 놓인 구덩이가 눈을 나타내는 형상이다. 이곳이 입을 나타내는 구덩이와 이어지며 코를 나타냈다. 입을 이루는 곳에는 돌 더미가 깔려 있어서 이를 드러내며 웃는 것처럼 보인다.

공주 정지산 제사유적이다(『금강』).

설명글을 보자.

"능선 정상부를 깎아 내어 넓고 평탄한 대지를 만들었고, 능선의 사면을 가파르게 깎거나, 호와 목책을 시설하여 사방에서 격리된 공간을 만든 다음, 내부에 몇 채의 건물을 세웠다.

이 능선의 정상부는 약 800여 평 정도의 평탄한 대지로 이루어졌고, 동사면은 절벽으로 금강에 이어졌으며, 남북사면은 경사도 60도 내외의 급경사면을 이루고 있다."

설명에 따르면 공간을 의도적으로 조성했음을 알 수 있다. 그렇다면 단지 평탄한 대지를 얻기 위해서 공사를 한 것일까.

'능선의 사면을 가파르게 깎거나, 호와 목책을 시설해 사방에서 격리된 공간을 만들었다' 하므로 경계를 의도적으로 획정한 것인데, 그 공간이 일정한 형태를 이루는 듯하다.

발굴 과정에서 구덩이 등을 흰 선으로 표시했는데, 전체의 형태가 윤곽을 이루고, 두 구덩이가 눈을 나타내는 인물상으로 보인다.

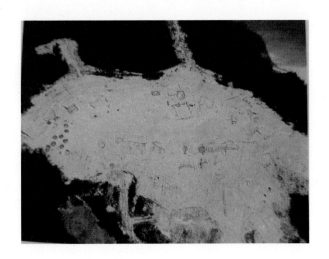

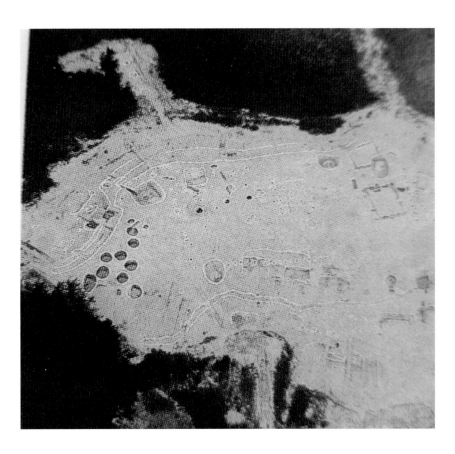

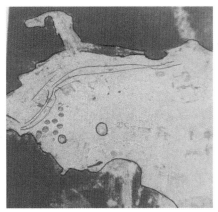

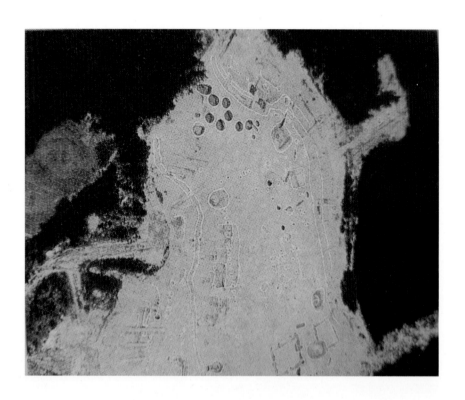

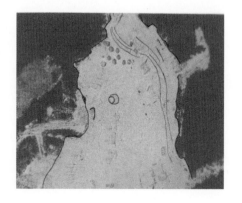

공주 금학동 고분군이다(『금강』).

좌측이 급경사를 이루고 있는데, 공주 정지산유적과 유사하다. 의도적으로 구획을 획정한 듯하다.

구덩이 내부에 석실처럼 돌을 쌓아, 더욱 눈과 입처럼 보이는 인물상을 이룬다.

여수 화동리 안골 고인돌군 유적지다(『고인돌』).

발굴할 때 유적지의 범위와 경계를 편의에 따라 임의적으로 정한 것은 아니며, 구획이 구분되도록 돌이 쌓여 있거나, 토양이 다르기 때문일 것이다.

다른 방향에서 보면, 쌓인 돌들과 구덩이가 어우러지며 인물상을 나타내는 듯하다.

2. 주거지 유적지

서천 오석리 주거지유적을 보자(『금강』).

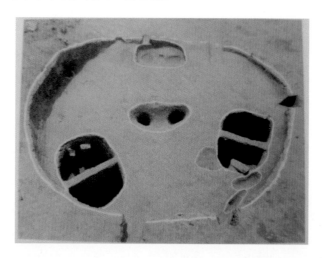

유적지는 앞과 뒤가 정해진 것은 아니다. 거꾸로의 방향에서 보면, 발굴자들이 의도적으로 구덩이를 판 것은 아닐까 할 정도로 두 눈과 코, 입이 뚜렷한 인물상이다.

특히 두 콧구멍은 유적지를 분명한 의도하에 조성했음을 증언한다.

양양 지리 주거지유적 전경이다(『강릉대박 도록』).

황토색 흙 깔린 곳이 분명한 경계를 이루며, 인물상을 나타낸다.

하남 미사리유적의 저장구덩이 모습이다(한양대박물관).

4개의 돌이 놓여, 두 눈과 코, 입을 표시하는 듯하다.

미사리유적도 단양 수양개유적처럼 강가에 근접해 위치해서, 실제로 거주했다기보다 의도적으로 조성해 놓았을 가능성이 크다.

강릉 강문동유적 주거지 전경이다(『강릉대박 도록』).
전체적 형태와 불에 탄 흔적이 인물상을 나타낸다.
불에 탄 흔적이 의도적으로 조성되었음을 증명한다.

화재 주거지에 대한 설명을 보자(『고대 함평 중랑마을의 주거와 장제』).

"삼국시대의 집은 나무와 풀 그리고 흙으로 지어졌기 때문에, 폐기된 이후에
는 모두 토양화가 이루어져 그 흔적을 찾기가 어렵다. 하지만 화재로 폐기된
집자리에는 당시의 생활 모습이 그대로 묻힌 까닭에 그 흔적이 고스란히 남아
있다. 각종 유기물들이 불에 탄 상태로 발견되고, 가재도구들이 재 속에 묻혀
있기 때문에, 당시의 생활 모습이나 집의 구조 등을 파악할 수 있는 귀중한 자
료가 된다."

사례로 든 춘천 천전리 화재 주거지에 대한 설명이다.
"춘천 천전리 화재 주거지에서는 청동기시대 석촉 11점이 탄화된 화살대와
함께 발견되었다. 국내에서는 화살대와 함께 출토된 최초의 사례이다."

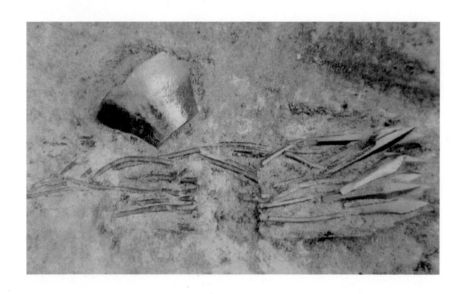

나무 화살대가 불에 타서 이처럼 남으려면, 숯을 굽는 것과 같은 방식으로
구웠을 때만 가능할 것이다. 얇은 나무가 불에 타서 사라진 부분이 없이 전체
가 동시에 숯이 되는 방법은 숯처럼 공기가 차단된 가마에서 굽는 방법밖에 없
을 것으로 생각된다.

자연적인 화재로는 이런 형태가 될 수 없는 것이다.

이는 화재 주거지가 철저한 의도하에 조성되었음을 증명한다.

단양 수양개유적 2지구 집터에 탄화된 갈대가 발견되었다(『충북대박 도록』).

갈대는 풀의 일종이어서 딱딱한 나무와 다르다. 불에 태우면 숯이 되지 않고 재가 될 것이다. 어떤 방법으로 이처럼 조성했는지는 알 수 없지만, 인위적·의도적으로 조성해 놓았음이 분명하다.

수양개 2지구에서는 각종 곡물이 탄화된 채 발견되었다(수양개유적전시관).

그런데 다음 탄화 밀에서 보듯이 자연스러운 화재로 탄화된 것이 아닌 듯하다. 자연적으로 불에 탔다면 심하게 탄 것과, 덜 탄 것이 혼합되어 있어야 한다. 그러나 보리차용 보리를 볶듯이 매우 균일하다. 의도적으로 조성해 놓았음이 분명하다.

수양개 2지구는 수면과 비슷한 위치여서 주거지로는 불가능해 보인다.

충주 조동리유적도 수양개유적과 유사한 위치에 있다(『충북대박 도록』).

"남한강 가에 있으며 1990년 중부지방에 내린 집중호우로 처음 알려졌다. 많은 양의 불탄 낟알을 찾았으며, 지금까지 분류 확인된 낟알은 쌀, 보리, 밀, 귀리, 수수 등 1,000알이 넘게 확인되었다."

조동리유적은 수양개유적과 매우 유사한 위치임을 알 수 있다. 집중 호우로 드러났다는데, 수천 년 동안 많은 범람에도 유적지가 보존된 것이 오히려 이상하다. 이런 위치에서 주거지를 짓고 생활했다는 것은 상상하기 힘들다. 조금만 가면 높은 지대가 있는 곳이다.

모두 의도적으로 조성해 놓았음을 증언한다.

횡성 둔내 주거지 전경을 보자(『강릉대박 도록』).

사람의 머리와 몸통 모습이며, 놓인 돌이 눈처럼 보인다.

거꾸로 보아도 인물상이다. 돌이
두 눈을 나타낸다.

윗부분 불에 탄 나무들이 머리카
락처럼 보인다.

몸은 작게, 얼굴은 크게 부각시킨 모습이다.

앞 형상의 머리카락처럼 보인 탄화된 나무들을 다른 방향에서 보면, 옆으로 드러누운 듯한 인물상이다.

얼굴 부분을 반대쪽에서 바라보아도 인물상이 나타난다.

임실 망월촌유적의 전경이다(『임실』).

인물상이 뚜렷하다.

위의 곳을 거꾸로 보면, 위 형상의 눈이 눈을 나타내는 인물상이다.

마치 발굴자들이 의도적으로 조성한 것은 아닐까 하는 생각이 들 정도다.

임실 대곡리유적이다(『임실』).

다른 방향에서 보면 인물상이 뚜렷하다.

발굴 구덩이가 두 눈과 입을 나타낸다.

거꾸로 보아도 인물상이 뚜렷하다.

어깨 부근까지 드러난 형상이다.

대전 월평동유적 전경이다(『금강』)(『공주박 도록』).

구덩이가 인물상을 조성한다.

구덩이가 선을 이루어 윤곽선을 이루기도 하며, 인물상이 중첩해 나타나 있다.

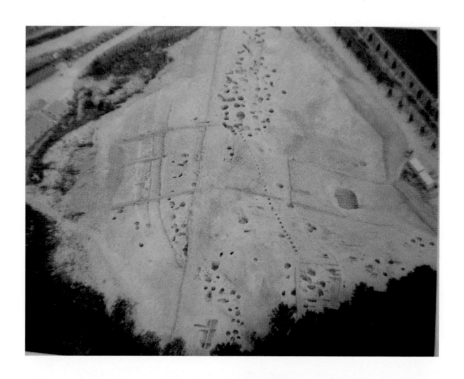

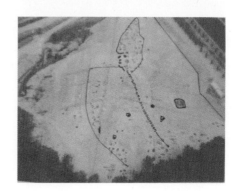

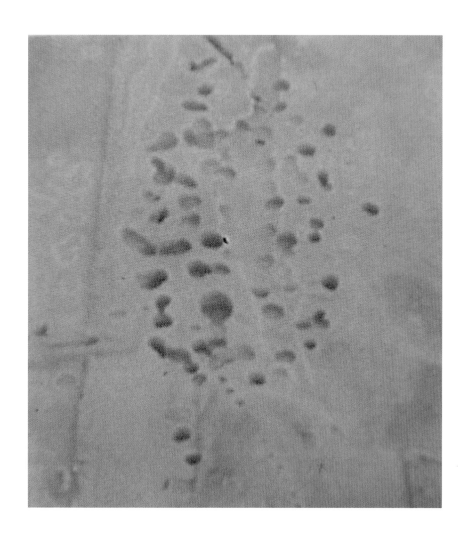

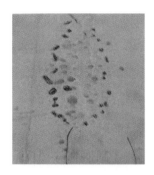

고인돌의 바위구멍처럼 구덩이 구멍이 형상을 표현하는 기능을 한다.

구덩이가 점선을 이루기도 하는데, 이는 연천고인돌을 위시한 여러 고인돌의 바위구멍에서도 볼 수 있다.

고인돌의 바위구멍처럼 유적지의 구덩이 구멍이 동일한 기능을 하고 있어서, 역으로 고인돌의 바위구멍이 생명형상을 표현하고 있음이 확인된다.

뚜렷한 인물상을 나타내는 유적지는, 이곳에서 발견된 목곽고가 생명형상과 관련 있음을 증언한다.

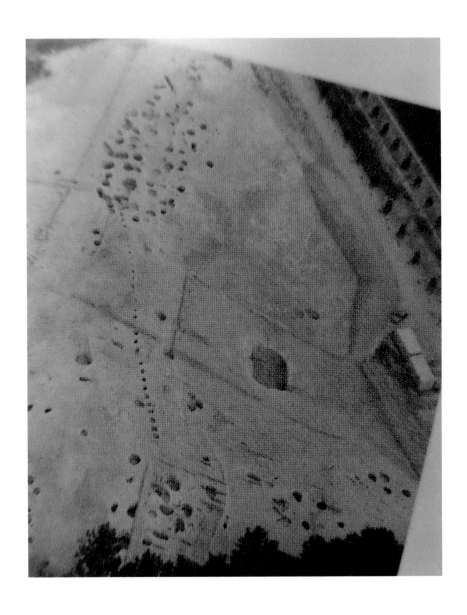

참고 박물관 도록 및 도서

본문에서는 박물관 도록은 『○○○박 도록』으로 표기한다.
박물관명이 들어가지 않은 경우, 박물관명으로 바꾸어 표기한다.

『국립춘천박물관』, 2002.

『충주박물관 소장품도록』, 충주시 간행, 2004.

『국립청주박물관』, 2011.

『국립경주박물관』, 1989. 1999.

『국립대구박물관』, 1994.

『국립김해박물관 』, 2018.

『대가야는 살아 있다』, 대가야박물관 간행, 2018(『대가야박 도록』으로 표기)

『울산대곡박물관』, 2015.

『국립공주박물관』, 1999.

『국립전주박물관』, 1990.

『국립부여박물관』, 1993.

『국립나주박물관』, 2013.

『익산박물관』

『미륵사지유물전시관』, 전라북도 익산지구문화유적지 관리사업소 간행, 1997.

『수원박물관』, 2014.

『판교박물관』, 2017.

『한성백제박물관』, 2012.

『대구오천년』, 국립대구박물관 간행, 2001.

『영남문화의 첫 관문, 김천』, 국립대구박물관 간행, 2005.

『대가야와 여섯가야』, 대가야박물관 간행, 2008.

『통영』, 국립진주박물관 간행, 2013.

『양산』, 양산시립박물관 간행, 2018.

『임실』, 국립전주박물관 간행, 2011.

『영광』, 국립나주박물관 간행, 2020.

『순천』, 국립광주박물관, 순천시 간행,

『발굴유적유물 도록』, 강릉대학교박물관 간행, 2000.(『강릉대박 도록』으로 표기)

『소장품 도록』, 관동대학교박물관 간행, 2004.(『관동대박 도록』으로 표기)

『선사유적발굴도록』, 충북대학교박물관 간행, 1998.(『충북대박 도록』으로 표기)

『발굴유물도록』, 서울대학교박물관 간행, 1997.(『서울대박 도록』으로 표기)

『계명대학교박물관』, 2004.

『경희대학교박물관도록』, 1986.

『한양대학교박물관』, 2003.

『한국의 청동기문화』, 국립청주박물관 간행, 2020.

『금강』, 국립공주박물관 간행, 2002.

『전북의 고대문화』, 국립전주박물관 간행, 2009.

『백제』, 국립중앙박물관 간행, 1999.

『고인돌』, 국립광주박물관, 동북아지석묘연구소 간행, 2016.

『해남, 해양교류의 시작』, 목포대학교박물관 간행, 2009.

『완도 여서도패총』, 목포대학교박물관 간행, 2008.

『고대 함평 중랑마을의 주거와 장제』, 목포대학교박물관 간행, 2015.

『고구려와 한강』, 한성백제박물관 간행, 2020.

『한국미의 태동 구석기·신석기』, 김성명,김상태,임학종,정성희,양성혁 지음, 국립중앙박물관 간행, 2008.

『고분미술』, 중앙일보 간행, 1985.

『고분미술』, 이영훈,신광섭 지음, 솔출판사, 2004.(『고분미술 2004』로 표기)

『국보를 캐는 사람들』, 김상운 지음, 글항아리출판사, 2019.